EFFICIENT QUESTIONING

高效提问

如何让提问精准有效

梁宇亮◎著

中国经济出版社
CHINA ECONOMIC PUBLISHING HOUSE

·北京·

图书在版编目（CIP）数据

高效提问：如何让提问精准有效 / 梁宇亮著.
-- 北京: 中国经济出版社, 2020.8
ISBN 978-7-5136-6109-6
Ⅰ. ①高… Ⅱ. ①梁… Ⅲ. ①心理交往—语言艺术
—通俗读物 Ⅳ. ①C912. 13-49
中国版本图书馆CIP数据核字（2020）第047152号

责任编辑 李 丰 闫 丽
责任印制 巢新强
版式设计 吕 夏
封面设计 任燕飞工作室

出版发行 中国经济出版社
印 刷 者 北京力信诚印刷有限公司
经 销 者 各地新华书店
开 本 880mm × 1230mm 1 / 32
印 张 8.5
字 数 150千字
版 次 2020年8月第1版
印 次 2020年8月第1次
定 价 48.00元
广告经营许可证 京西工商广字第8179号

中国经济出版社 **网址** www.economyph.com **社址** 北京市东城区安定门外大街58号 **邮编** 100011
本版图书如存在印装质量问题，请与本社销售中心联系调换（联系电话：010－57512564）

前言
PREFACE

许多人都被提问套路过。例如：

遇到销售员推销，总会被对方的几个问题轻而易举地说服，然后乖乖埋单，买完就后悔了。

工作中，接不住上司的盘问，一时语塞。事实上，当你从上司办公室出来时，总能想出应对答案。

与同事有矛盾时，明明满肚子委屈，却怎么也说不出来。

……

大多数人都遇到过类似问题，真正的原因出在哪里？原来我们总是被对方的提问限制住思维，乖乖地按照对方的思路掉进了提前布置好的“陷阱”。

这就是提问的力量。

提问能给人们带来无形的影响力和追随力，当下，会提问已越来越成为人际沟通中的重要本领。

《奇葩说》的“辩论之神”黄执中曾说过：“人生的困扰，十之八九都出在人际关系；而人际关系的困扰，十之八九都是因为沟通出了问题。”提问则是沟通中最重要的一个环节。所以，你百思不得其解的“运气不佳”或者“满腹委屈无处倾诉”，其实就是输在了不会提问上。

很多事情的成败往往就在几句话间。提问看似简单，动动嘴就行，但实际上很难。如果方式、技巧不对，就会与想要达成的效果相差甚远。作为管理者，必须掌握提问的若干技巧。你会看到那些成功的企业家和管理者，通常在提问方面占据着绝对上风。

来看看发生在乔布斯身上的两件事。

第一件事发生在1983年。当时乔布斯希望挖走百事可乐的总裁约翰·斯卡利。然而，倔强的斯卡利不想放弃现有事业，他和乔布斯明确表示不会合作，但会成为朋友。

此时的乔布斯说出了至今仍被销售界认为是“最好的销售广告词”的话。他说：“你究竟是想一辈子卖糖水，还是希望获得改变世界的机会？”

斯卡利听到这句话后，甚为动容。经过一番思考，斯卡利最终离开了百事可乐，成为了苹果公司首席执行官。后来，在他的努力下，苹果公司创造出了最棒的产品——第一款Mac。

第二件事发生在Mac的转折期。有一段时间Mac的销量不是很好，乔布斯发现根本原因是用户体验感太差，所以乔布斯打算找设计师谈谈。他闯进Mac操作系统设计师拉里·肯扬的办公室，抱怨电脑启动的时间太长了。设计师肯扬向乔布斯做了大量解释，并指出缩短启动时间并不现实。

接下来乔布斯问：“如果能够拯救生命，你能想办法让启动时间缩短10秒吗？”说着，他走到白板前向肯扬展示：“如果有500万人正在使用Mac，而每天电脑的启动时间缩短10秒，那么一年就能节省大约300万个小时，这不是等于每年拯救100条生命吗？”

一个月后，肯扬交出了满意的答卷，他让Mac的启动时间缩短了28秒。

在第一件事上，乔布斯的提问巧妙而又“狡猾”，他把斯卡利的工作当成“卖糖水”，却把为苹果公司工作当成一个“改变世界”的机会。这种鲜明的对比让这个提问更有力度，也能戳中斯卡利的内心，激发了斯卡利“改变世界”的决心。

在第二件事上，乔布斯更是聪明无比，他把10秒钟变成了100条生命，把这看似渺小的任务变成了一个意义非凡且极具崇高价值的宏大使命。这对设计师来说是一种使命感，能够积极努力地驱动他做得更好。

这就是提问的力量！

目录 CONTENTS

第 1 章

你的提问里藏着你的影响力

“为什么我们没有达成目标？”与“我们该怎么做才能更接近目标？”这两个提问，前者有指责，有愤怒；后者有方法，有力度。优秀的管理者懂得换位思考，通过有技巧的提问，不仅能达成自己预想的目的，还让对方感到舒服。

第2章

提问类型决定提问水平

管理者要清楚对工作有帮助的几种提问类型。例如，开门见山的正面式提问，让被提问者不得不选的封闭式提问，用敬辞激发对方兴趣的请教式提问等。明确提问的类型，选择适合情景的提问方式，才能提高问话水平。

目录 CONTENTS

第3章

好的提问都是有备而来

他人的提问可以改变人生，你的提问只能令人心烦；他人的提问可以驱动员工积极工作，你的提问只能滋生抱怨……究其原因，是你提问时没有做好准备。好的提问需要学会观察，需要学会话术，需要学会倾听，甚至还需要学会“读心术”。

第4章

精通原则，做优质提问专家

任何提问都应该遵循这样的原则：事实原则——问题不能是错的；主题原则——问题必须要有主题；目的原则——你想要问什么；时机原则——把握好提问的时机；有效原则——提问的目的是解决问题。如果每次提问都遵循上述原则，你想问出什么答案，都不是难事。

目录 CONTENTS

第5章

设计完美提问框架，由难变易

有些问题很复杂，需要一个提问框架，即提纲，就好比做数学题需要公式，提纲就是公式。先掌握提问四要素，其次设计问话提纲，然后展开提问预演，再进行各种各样的细微结构设计，最终让对方“顺利”掉入你的提问“陷阱”中。

第 6 章

你的提问必须要有一个严谨的逻辑

他人的一个问题立刻会引起其他人的热议，甚至争先回答，而你的一个问题却冷冷清清，无人回应，原因可能是你的提问缺乏逻辑性。

目录 CONTENTS

第7章

没有技巧的提问，一切都是白费

提问大有学问，蕴含的技巧也很多，有些是固定的，有些是灵活多变的，需要根据所在场景来巧妙变通，可以暗示提问，也可以开门见山，可以正话反说，也可以步步紧逼。

第8章

六大提问模型，直接套用就好

提问有模型可借鉴，让提问更加高效和专业。六大模型直接套用在相应场合，可以让提问发挥出强大威力。

目录 CONTENTS

第9章

走出误区，你就是提问高手

提问是有误区的。一旦掉入误区，再多提问也等于白问。例如，你的提问肤浅简单，对方可能没兴趣回答；你的提问范围很广，对方根本不知道怎么回答……规避提问误区，你才能成为提问高手。

第 1 章

你的提问里藏着你的影响力

“为什么我们没有达成目标？”与“我们该怎么做才能更接近目标？”这两个提问，前者有指责，有愤怒；后者有方法，有力度。优秀的管理者懂得换位思考，通过有技巧的提问，不仅能达成自己预想的目的，还让对方感到舒服。

1.1

会提问就是管理者的硬实力

提问是一个管理者提高领导力的有力途径。提出正确的问题可以帮助企业管理者预测到变化，抓住机遇，带领团队向一个新的方向发展。但如何提问至关重要，提得好可以极大地激励员工，提高其工作积极性。但提得不好也可能会演变为对抗或责备，将情绪从正面转向负面，最终结果适得其反。

因此，会提问是管理者的一门必修课。

1. "我们怎么做才能更接近目标？"

很多管理者为什么没有影响力？原因就在于不懂得提问，没有在提问中彰显出自己的实力和权威。例如，团队在完成项目的过程中遇到一系列问题，这时，管理者通常会问："是哪儿出了问题？""到底什么地方脱节了？"……

事实上，这样的提问并不好。然而大多数管理者通常都是以这样的提问开始的。如果一个企业或者团队的管理者总是围绕着问题和弱点来提问，那么整个组织都会关注于此，而忽视了发掘强项和机遇。因此，管理者想要体现出实力和权威，不要总问“出了什么问题”或者抓住问题不放，而最好多问一些积极正面的问题，利用优势达成目标。例如，“大家来说一说，我们哪些方面做得很好？哪些方面做得不够好？”“我们应该怎么做才能更接近目标？”。

这样的提问会显得管理者更加有权威，这种权威体现在以下三点。

（1）对工作环节有一定的把握

“我们应该怎么做才能更接近目标？”很显然，从这种提问中可以看出管理者对工作环节的把握，知道在哪个环节出现了问题，然后对未来有一个计划，而不是把问题聚焦在“问题”或者“错误”上。这样的管理者是务实类型的，而只一味询问错误的管理者通常只是表面上的管理者，不能体现出管理水平。

（2）对工作已有具体意向安排

这样的提问还可以彰显出管理者对未来工作的安排。从目标倒推，寻找应该如何做才能接近目标。这个思维过程就是思考工作安排的过程。这样的管理者通常在内心已经有所意向安排，是一个有主见的管理者。

（3）征求团队成员意见

这样的提问还充分表达了对团队组织成员的尊重，征求大家意见，各抒己见，然后总结出具体的方案，这样的方式能快速解决团队问题。

2. “你想要的是什么？”——聚焦成果

你知道足球世界杯的冠军都是怎么得来的吗？这不仅是球员的努力，更重要的是教练的领导。教练在这个过程中必须要懂得用提问来彰显出自己的管理水平。

一个足球教练必须在看到世界杯比赛的对阵表时就十分清晰地知道想要实现冠军的路径是什么？在小组赛里必须要确保赢的是哪一支球队？遇到不同的球队会有不同的挑战，又该如何去突破？当小组出线以后，就到了16强的对阵，如果是小组第一，需要面对谁？如果是小组第二，又需要面对谁？当突破了16强、8强、4强，到最终对决的时候，又可能会遇到哪支球队？球队该如何一步一步地迈向冠军的终点？

换句话说，作为一支足球的领头人，你必须要很清晰地知道你的成果实现路径是什么。只有这样你才可以提前规划，调整球员的状态，基于对手做出战略分析，做好战术布置。

企业管理也是一样，不管是销售目标还是研发目标，这些目标背后一定都有很多成果出现，要产出什么样的成果？管理者都需要激发员工去追求更高的成果。在这个过程中，管理者需要提前做好路径规划，这样你的员工才会更有信心去实现它。

你必须要会问这样一个问题：“你想实现的是什么？”或者“你想要的是什么？”

例如，对于一个销售团队来说，你需要对你的销售成员问：“你希望你这个月的销售目标是什么？”紧接着你还需要问：“如何衡量你已经做到了？”接下来你还可以继续发问：“当你实现这个目标时，对于我们整个团队有什么帮助？”或者是“对你个人成长有什么价值？”。

管理者在提问时可以从实现、价值、衡量、可视化、正向、挑战、可控等几个方面向员工提问。重点是聚焦成果，然后可视化，最后实现可控，把握住这几个关键点，团队员工的目标也就清晰了。

这样的提问既积极又有意义，并且还可以激发员工努力工作，完成目标，实现个人的价值。而这个过程也体现着一个管理者在管理方面的实力。

3.“如果……会发生怎样的改变？”

很多管理者通常会这样问员工：“你为什么觉得这样做可行，之前不是证实了不行吗？”这样的提问不但具有指责性质，而且还体现出了管理者的“烂水平”。

针对这个问题，管理者首先要思考，之前的“错误做法”也许是因为时机不对或是执行力不好，并不是因为这种思路本身是错误的。其次，提问时要换一种思路，例如，最好这样问：“如果这次仍然这样做，结果会发生什么改变吗？”

这样的问题是一个半开放式的提问，可以激发员工讲述自己的想法和思路，然后加强讨论和沟通，最终总结出积极正确的做法，让问题能顺利地解决，同时还能让员工感受到管理者的能力和水平。

1.2

一个有力的提问会使管理者立刻变身“霸道总裁”

在一个企业或者团队中，如果管理者不够“霸道”，那他就不是一个好的带头人。因为优秀的管理者最终是要作出决策的，这绝对不能依靠少数服从多数，而是要勇于担负企业或者团队最高责任。

这样的“霸道总裁”不等于手执一张苍白的管理制度即可，而是必须要有一套独特的管理法则，其中最离不开的就是果断有力的提问术。一个有力的提问可以让管理者立刻变身“霸道总裁”。

例如，下面这个对话：

前提：A公司准备投标一个项目，但是在招标现场却发现B公司非常突出，与自己形成了竞争模式，这是之前A公司不曾想到的。面对突然出现的B公司，A公司的工作人员有些慌乱，不知道该怎么办？对方的投标方案似乎和自己的一模一样。于是A公司的项目负责人冷静思考了一下，怀疑团队内部有人将信息透露给了对方，出卖商业情报。所以，负责人立刻召开了团队会议。

负责人：“我想知道昨天晚上行业聚会时，你们所有的行程计划，包括在哪里？和谁接触过？从甲先开始……”

甲：“我昨晚上……”

负责人：“你刚才遗漏了一点，你是什么时间返回公司的？”

……

在这个简单的对话中，项目负责人的提问简单明了，但是却非常有力度。因为团队遇到了严重的问题，必须强烈重视。此时，如果团队负责人提出的问题没有力度，就无法解决问题。

如何用提问打造一个“霸道总裁”呢？有以下几个方法。

1. 用动词、名词、代词，直接提问

管理者若想让提问有力度，可以采取直接提问的方式来发问。用一个动词或者名词抑或是代词来简单明了地提问（见图1–1）。

图 1–1　管理者直接提问

这些方式的提问，可以彰显出管理者的力度，同时还能够激发团队成员做事的效率。

2. 反对式提问，尽显“霸道范儿”

如果你想征求意见并获得支持，该怎么选择呢？下面是两个方案（见图1–2）。

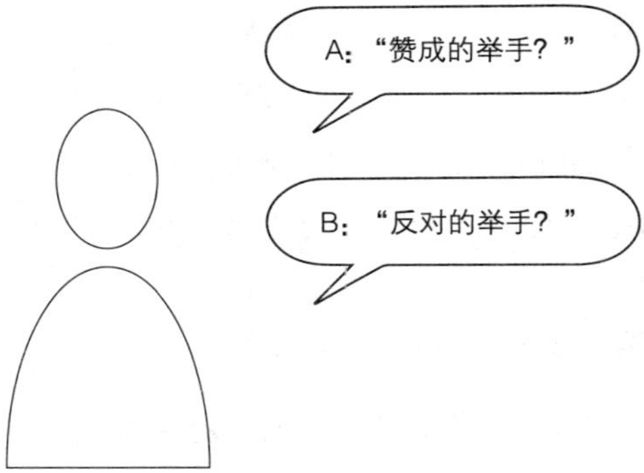

图 1–2　征求意见并想获得支持时，A 和 B 方案的提问

你觉得哪种方式更容易通过呢?

很显然是B。这就是“反对式”提问的力度。这种方式适合在众口难调的问题上，例如“团建”时去哪儿旅游、去哪里吃饭、去哪里购物等。但是这种方式要慎重、少用，因为这毕竟不是大家最真实的想法。

3. 用问题“控制”对方

当管理者想验证一个回答是否可靠时，可以用“控制”法来提问。这意味着你已经基本知晓答案，你的提问不是探索新信息，而是要证实已经知道的信息。

这些问题通常需要重点注意对方的行为、语速。因为有很多信息在你跟对方对话时就已经泄露了线索。例如，你事先了解到在团队中，成员们在疏远一位新员工，你想知道原因。于是，你找到了团队中比较有威信力的成员，问他："在上午的工作中，你觉得×××的表现如何？"这就是一个控制类型的问题，通过这样的提问你可以掌握团队情况，也可以凸显你独特的管理水平。

很多时候，面对团队成员无法完成工作时，管理者也可以用提问来彰显自己的"霸气"和魅力。例如下面的提问：

"明天上午10点之前可以把合同给我吗？"

"如果大家还没有完成这个任务，让我拿什么条件跟对方谈判？"

"我给大家最后三天时间，可以拿下这个项目吗？"

"项目环节中有哪些不明白的地方？"

这些提问都能够将管理者的魅力彰显出来。优秀的管理者通常在沟通之前，先思考，后提问，再决定，这是"霸道总裁"式管理者的典型。著名的管理大师彼得·德鲁克的经典管理语录其一就是："未来的管理者不在于有多会说，而在于有多会问。"

1.3

好的提问能“套取”你想知道的信息

为什么说一个好的提问可以彰显出一个人的实力？因为你的提问如果恰到好处，完全可以打开话匣子，让对方愿意说出他不想说的话，这就是“套取”的结果。

例如，美国的综艺节目《今夜秀》主持人吉米向大家介绍影视剧《嘻哈帝国》时，是这样对参与《嘻哈帝国》录制的某位明星说：“今晚我们的现场布置得很像《嘻哈帝国》的情景，影视剧里有很多权力斗争，很多秘密……真的吗？”这句提问不但充满了怀疑，而且还道出了很多《嘻哈帝国》的内幕消息，使得对方不得不说出那些所谓的“权力”和“秘密”。

这就是提问的力量，它能够“套取”你想知道的一切信息。对管理者也是如此，需要用一个好的提问来“套出”你想知道的信息。

1. 连环提问，“套出”对方的重要信息

作为一个企业管理者，面对的不仅是员工，还有客户。在工作中，如何引导客户表达出其个人需求是你走向成功的关键因素。但是客户通常都不愿意透露太多的个人信息。这时候，就需要你利用巧妙提问的方法来套取信息。下面是一个金融客户经理向客户提问的五个连环步骤：

（1）用提问获取客户信任

“今天您是开车过来的吗？”这种提问带着试探的心情，能轻松打开与客户交流的“阀门”。从开车聊到交通情况，以及此时的心情。还可以继续问：“您最近有没有去哪里玩啊？”这样看似轻松的聊天，实际上是为了套取客户的时间安排和生活方式。

（2）用提问获取客户家庭信息

做金融产品销售离不开对客户的家庭咨询。客户经理可以这样问：“您家里的小朋友现在上学了吗？”用这个话套取客户的家庭生活，然后还可以继续问：“听您的口音，不像当地人……”这种谈话和提问在轻松之余，也能让对方放下戒备心理。

（3）用提问套取客户事业信息

可以这样问：“您平时经常出差吗？”这个提问可以从行业了解到客户的事业，包括工作上的细节安排。如果想要让客户快速回答，还可以这样问：“听说，您从事的这个行业竞争很激烈，您是如何做成功的？”用提问来激发客户的虚荣心，从而套取客户的工作历程。

（4）用提问获取客户对金融的观点

提出这个问题时，就表明你们之间的谈话基本就要进入正题了。你可以这样问：“您之前有没有使用过其他银行的服务？当时为什么会选择这家银行？”

在客户回答的过程中，还可以继续问："您觉得我们的金融服务在哪些地方需要改进？"用这种提问方式来表达虚心，给客户好印象。

（5）用提问套取客户账户以及投资信息

"您之前在其他银行做过类似的产品吗？当时的收益情况怎么样呢？"

"您对黄金或外汇之类的投资产品是怎么看的？"

……

这些提问可以有效地套取客户的账户和投资信息，有助于你接下来把自己的金融产品和服务巧妙地呈现出来。

通过巧妙的提问，了解了客户的基本信息，才能针对客户的不同情况进行差别化的营销，从而提高工作效率。

2. 谈话式提问，问出对方的"问题"

很多时候，你的团队总是处于疲乏状态之中，但你无从知晓为什么会出现这种状况，成员精神萎靡不振，做事不够认真，工作频繁出现差错、部门协调不顺利，等等。你并不知道出现了什么问题。因为这些问题是综合性的，不是具体的，所以很难去解决。

但是优秀的管理者，总能想办法找到问题的症结，并且解决它。这需要的就是提问的方法。

来看看下面这个场景：

一个乐队接到一名资深制作人的邀请，去参加一个活动。这个活动关系到乐队的发展，如果演出成功，很可能一炮走红；如果演出不成功，则会继续沉寂。于是乐队成员每天都勤奋练习，想要给观众呈现一个好的表演效果。

在离演出还有一个星期时，队长发现了一些问题——乐队中有两名成员似乎不在状态，虽然每天也在勤奋练习，但是效果很差。由于他并不知道出现这种情况的原因，于是他开始了一场“谈话式提问”，如下：

队长：“阿伦，你来打一段架子鼓，我听一下。”

鼓手阿伦演奏完之后，队长说：“不错。小天，来弹一段吉他。”

吉他手小天演奏完之后，队长说：“也不错。不过好像缺了点什么，你们发现了吗？”

阿伦和小天不知道该怎么回答，又继续演奏了一遍。队长又说：“就是缺了点什么。阿伦你的架子鼓打得很急躁，是不是最近心里有什么事情啊？”阿伦停下来，然后说：“我弟弟被学校里的人欺负了，给我打电话，我忙着排练没时间管……”

解决了阿伦的事情之后，队长对小天说：“小天，你的吉他弹得很稳，只是还应该再加入点什么东西，你觉得呢？”

小天：“队长，我每天都很用功的在练习，生怕出了差错，所以我心无旁骛，什么思想都没有。”

队长：“心无旁骛就是你的问题。弹琴的人怎么能没有思想和情感呢？你的技术很棒，但需要再加入一些情感，这样弹出来的效果就会丰满一些……”

通过队长的巧妙提问，架子鼓鼓手和吉他手的问题都被找到了，并且事情的原委也都很清楚。所以，发现有了问题就要提出问题，再解决问题，最后工作才能够顺利进行。

1.4

提问让你始终拥有主控权

对一个谈话过程的最佳控制方式，就是提出更多更好的问题。

只有提出高质量的问题，才能向潜在客户展示本企业的资历及专业水准。例如，如果你是一家广告公司的客户经理，你的问题需要聚焦于潜在客户的目标及挑战上，你可以这样问："您想要达到一个怎么样的效果？"只有这样，你才能深入地了解客户、赢得尊重并提出更具吸引力的方案。管理也是如此，提问可以让我们始终拥有主控权。

1. 如何问才能彰显主控权

提问可以彰显主控权，但并不是任何提问都可以实现这个目的。有些低质量提问不但不能彰显主控权，还可能会让我们丢失控制权，甚至失去一个谈话的机会和一个询问的良机。因此，我们需要知道如何提问才能体现出这种主控权。

（1）问题是否简洁明了，确保对方明白我们的问题。来看看下面两个提问（见图1–3）。

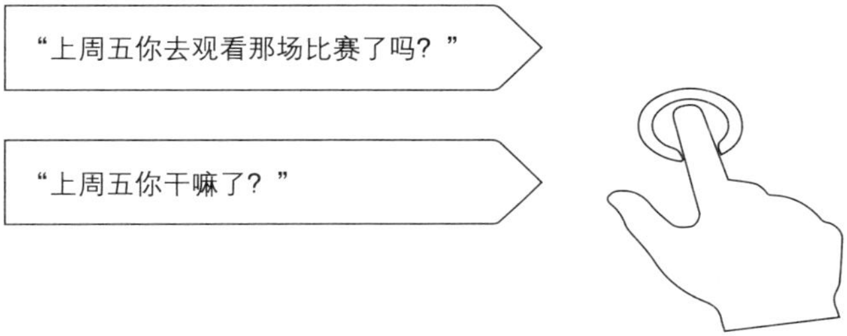

图 1–3　两个不同提问

很显然，第一种提问方式更简单明了且能够凸显出问题的主题，确保对方能明白你的问题。

（2）问题是否显得我们的知识比竞争对手更丰富（见图1–4）。

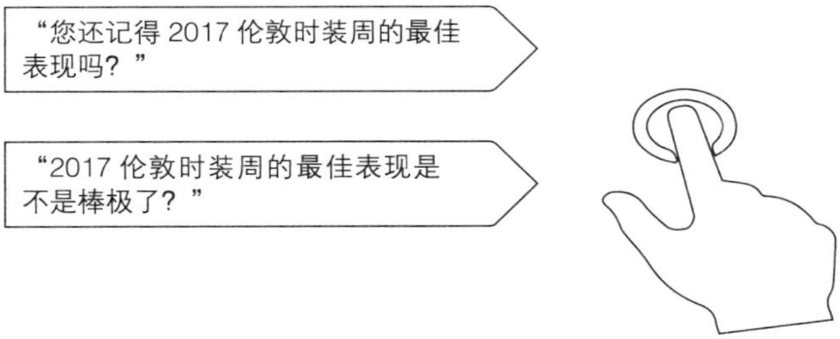

图 1–4　两个不同提问

前者的提问很明显彰显出提问者已经知道答案了，而后者的提问则不能体现出提问者是否已经知道答案。同时，对被提问者来说，前者的回答更加让他觉得提问者的自信。

（3）问题是否新颖，可以促使对方思考（见图1–5）。

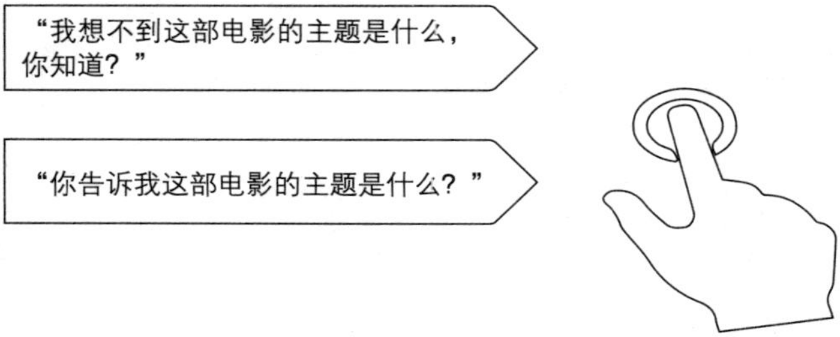

图1–5　两个不同提问

前者的提问非常新颖，给对方抛出了一个很好的展示平台。而后者的提问则显得过于平白，对方不一定愿意回答。

（4）问题是否与对方的业务和对方的目标直接相关（见图1–6）。

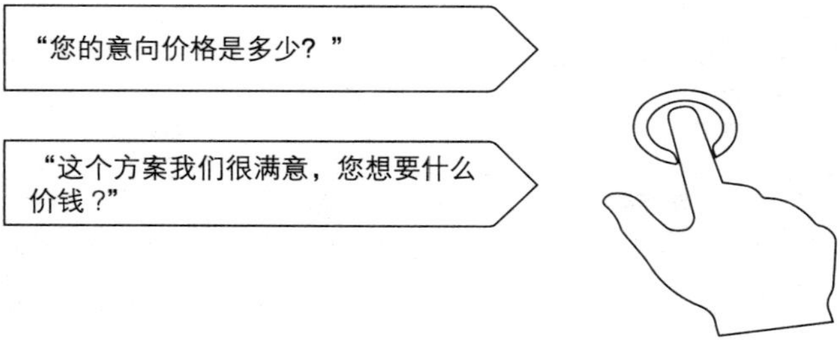

图1–6　两个不同提问

前者的提问更突出提问者的主导权，而后者的提问则感觉被提问者才是主导者。

（5）问题是否能获得更多的相关信息（见图1–7）。

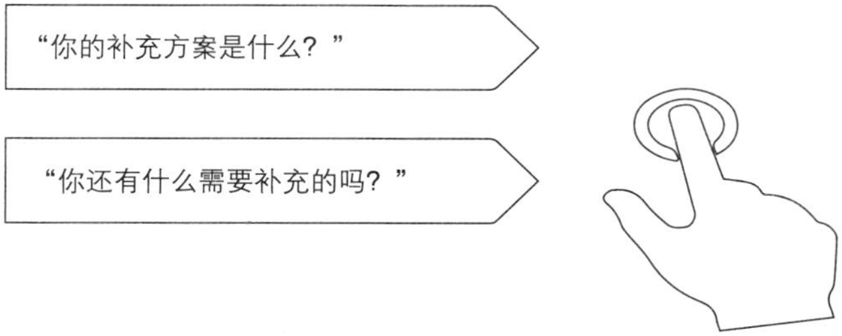

图1-7　两个不同提问

前者可以询问出更多详细的信息，而后者获得额外信息的概率很小。

2. 掌控主导权在于你能否用提问引起对方的兴趣

通常人们比较关心的是事情对自己的利弊。也就是说，与切身利益相关的事情最能引起人们的兴趣。而当你用提问的方式，把对方引导到他所关心的问题上时，他往往就能被你牵着鼻子走。例如下面的情景：

某公司的销售人员向某公司采购主管A先生介绍一款计算机软件。

销售人员：“A先生，我有一个方法可以帮助贵部门每个月降低20%的运营成本。您有兴趣了解吗？”

A先生：“是吗？是什么产品呢？”

这位销售人员很快就吸引了A先生的注意。这就是通过兴趣提问引发对方的关注，让你牢牢掌控主控权的方式。

换句话说，你必须要用你的方式来引导对方的谈话。要把所有的问题都往你所知道的答案预期上靠拢，这样的问题才是有效的，才能够控制对方。

下面是关于提问的三个方面的技巧：

（1）提问能否转换对方的观念和角度

说服本身就是不断地转换观念的过程。如果提出的问题具备转换对方角度的影响力，这样的问题就是成功而有效的。

（2）提问能否引导出预期的答案

你所设计的问题，一定要有预期。不能给对方造成误解。要引导出预期的答案，这需要你仔细倾听，不断转换提问的方式来控场。

（3）提问能否让彼此的沟通更深一层

通俗地说，就是你的提问能不能让对方喜欢并且认同。如果对方喜欢并认同，那么就会愿意和你继续交流下去，并且能够慢慢地放轻松。当氛围轻松了，你就可以伺机控场，引导对方到你的主题上来。

1.5

问对了，员工关系就近了

很多管理者并不知道如何与员工相处。还有一些刚上任的团队带头人面对十几个下属，更是不知道如何开展工作？因此，跟下属先拉近距离是首要一步。如何做到这一点呢？提问来给你解答。

1. 多用提问问候员工

很多团队带头人对员工提问，一上来就提工作，甚至用极其严肃的态度询问。这样的提问方式不仅不会拉近与员工的距离，还很容易让你失去管理者的亲和力。一个只有硬性领导力的管理者并不是一个好的管理者，而一个好的管理者需要用提问的方式来问候员工。具体怎么做？来看一看臧健和女士的做法。

臧健和是湾仔码头的创始人，她的学历并不高，但由于自己创业的经历，所以她深谙与员工交流的重要性。她知道企业不仅需要管理制度，更需要有情感的沟通。与各层级员工交流时，臧健和没有一点儿领导架子，也没有专业的沟通技巧，但是她经常用提问的方式和员工交流，例如，“吃过饭了吗？”“不要太晚，你们什么时候下班？”“家里爸妈身体还好吧？”……

对于湾仔码头的绝大多数员工来说，臧健和的这些充满感情的提问问候，是可以拉近人与人心灵的距离的。湾仔码头之所以能够成为国际大品牌，与臧健和本人善于和基层员工沟通是分不开的。

当管理者和员工有了一定的寒暄问候之后，关切之情也就产生了。如果能在问候中提出好的问题，就更容易形成融洽的关系。

2. 从与员工的共同之处提出问题

很多管理者之所以在对员工提问时，显得比较生硬刻板，是因为找不到一个合适的契机。所以，想要通过提问来拉近关系，首先需要找到与员工的共同之处，然后从这个共同之处着手去提问。

例如，有一位管理者想要和一位员工拉近关系，于是先找到了和这位员工的共同之处——同去一家健身馆。

管理者：“因为出差好多天没有去×××健身馆了，上次有个外籍教练的课程你参加了吗？”

员工：“您也是×××的会员吗？（内心潜台词：原来领导也经常去那家健身馆）那个教练的课程很不错，我参加了，据说现在还在招纳学员……”

这种提问就是典型的业缘关系的运用。业缘关系就是人们由职业或行业的活动需要而结成的人际关系。这样的方式可以成为管理者与员工打开交流话题的切口。当然了，这需要管理者用心去发现与员工的共同之处。

3. 用提问夸赞员工

管理者想要拉近与员工的距离最好的方式就是赞美员工。如果直白地夸赞难免会显得刻意，因此，这需要管理者懂得在提问中夸赞员工。例如下面这个管理者：

"很多同事都在说这次客户答谢会办得很不错。我很好奇，你们是怎么做到的？"

这句提问不但有理有据地夸赞了员工，而且还打开了聊天的门槛，让员工能轻松地进入谈话氛围中。

这种利用第三方的赞美方式比直白地赞美更让人舒服。这突显了管理者是个有心人，巧妙地借用了第三方的赞美，然后用好奇表示欣赏，让员工心情舒畅，如此一来，与员工的距离自然就拉近了。

4. 根据特殊的情景来进行关心提问

管理者还可以借助一些特殊的时期，例如在节假日、黄金周、世界杯等期间提出问题关心员工。例如下面的提问：

"这么晚了，大家还在加班吗？"

"下个月我们打算团建，你们都说说想去哪里玩？"

"春节回家的车票订好了吗？"

虽然这种提问很简单，但是却包含了管理者对员工的关心和问候，与此同时也能很好地化解紧张和尴尬的氛围，是不可多得的小妙招。

5. 随时随地就地取材，将身边寻常事拿来提问

管理者有时候为了拉近与员工的关系，通常会挖空心思不断寻找奇怪的问题。实际上，这样做并不能取得好效果，真正的好办法是随时随地就地取材，将身边的寻常事融入话题中。在你看来，也许这些都是老套的问题，但它却经典有效，因为它能让员工快速得到很好的情绪体验。

例如，“这几天看奥运会了吗？我昨晚陪女儿看电影没看比赛，跟我说一说昨晚女排的比赛，好吗？”

“这几天持续高温，大家注意降温避暑，我请大家吃冷饮怎么样？”

“网上流行‘大猪蹄子’这个词，请问什么意思？”

……

这些生活中随时随地能见到的事情都可以用来当沟通提问的“诱饵”，不仅自然，而且还突出管理者的“亲民”，让员工愿意与你相处。

1.6

用提问提升你的说服力

在美国纽约的中央公园里，每天都有很多情侣在此约会。求婚、过生日、表白、过情人节、庆祝纪念日……这里俨然是情侣的天堂，这就催生了很多售卖玫瑰花的小商贩，即每天晚上都有几个小男孩手捧玫瑰花向来往的情侣兜售。

有这样两个卖玫瑰花的小男孩，他们的销售手法截然不同（见图1–8）。

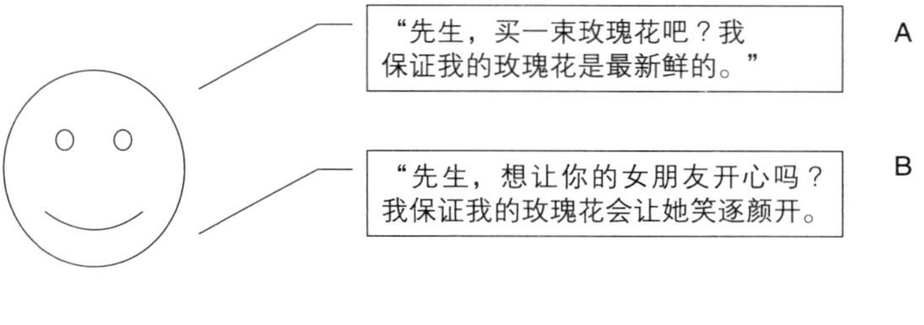

图 1–8　两个卖玫瑰花的小男孩的不同方式

结果，A的顾客屈指可数，而B则顾客盈门。为什么呢？因为B的提问更有说服力。A说的话和热情以及玫瑰花的质量都向顾客很好地呈现出来了，但是却没有让顾客意识到买到玫瑰花的含义和意义是什么。而B的提问与顾客的心理非常吻合，一般情况下，男士购买玫瑰花就是为了讨女朋友开心。

卖玫瑰花的小男孩的故事告诉我们，想要说服他人，就必须要先了解对方的心理。提问也要契合对方的需求，只有这样才能提升你提问的说服力。

没有说服力的提问，往往不痛不痒，对方甚至都懒得回答。因此，提问是一门艺术更是一门学问，好的提问可以提升说服力。

1. 找到与被提问者的共同点

俗话说，“知己知彼，方能百战百胜”。只有着力寻找共同点，才能在提问中彰显出你的说服力。

心理学表明，人们总是喜欢与相似的人在一起，也乐于被他们所喜欢的人说服。当不熟悉的、不喜欢的人提问时，人们的本能反应是警觉、戒备和拒绝回答。

所以，如果你想说服他人，首先要尽可能多地了解对方的背景资料，越详细越好，并从中找出共同点，再设法让对方解除戒备心理。作为管理者对自己的下属和员工，更不能拿出官架子严肃提问。

以共同点为基础的提问，使得彼此的谈话有了一个良好的开端，从而使接下来的谈话更加容易。

2. 准备充分，为提问做好准备

细节决定成败，在开口说话之前，你必须考虑清楚要达到什么目的以及要如何去做。

首先，在提问之前，要先进行自我审问“事实和论据充分吗？”“逻辑有没有问题？”“假如我是对方，我能被说服吗？”，等等。

其次，明确做好准备的好处（见图1-9）。

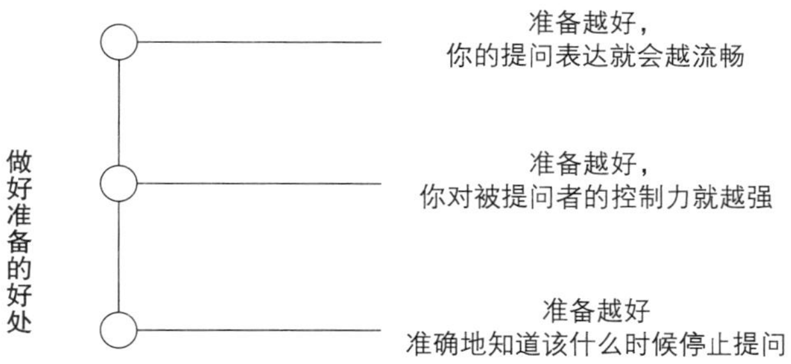

图 1-9　做好准备的好处

需要注意的是，通过提问来说服他人，提高影响力，并不是误导和操纵他人的行为。因此，提问的目的是双赢，而不是为了“操纵”而提问。另外，在向对方提问时，必须提供真实的信息，展示真实的自己。

3. 你为什么会想到这一点

在谈话过程中，我们常常会遇到这样或者那样的问题，这些问题对你来说并不好回答，尤其是管理者。当员工向你提出一些难以回答的问题时，该如何提高说服力呢？这时候你可以利用反问的方式，将自己拉回到主动地位置。例如“你为什么会想到这一点？”这样的反问就能将你反客为主，变被动为主动，不但掌控了局面，而且还提升了说服力，让对方说出他的想法。

4. 欲擒故纵提问，彰显说服力度

有时候，你主动提出问题，但对方未必会真心与你交谈，甚至还会让谈话陷入冷场。遇到这种情况时，如何才能避免“热脸贴冷屁股”的同时，还要彰显你的说服力度呢？方法就是欲擒故纵。

有这样一个客户经理，在对客户推销产品时，发现客户对产品不闻不问，非常冷淡。于是客户经理这样提问：“张先生，我们的产品一般不会随便卖给他人，您知道这一点吗？”这个问题一出口，无论你向对方说什么，对方都会很感兴趣。

你还可以这样提问：“我们公司是一家国际化公司，我们的顾客都是精挑细选的，您恐怕不知道这一点吧？当然，偶尔也会有些例外的情形，您明白我说的话吗？”这种提问不但欲擒故纵，而且吊足了对方的胃口，这样你就能拿下主控权，从而彰显你的说服力度。

与员工沟通时也可以这样，例如，部门新调来一名员工，自认为技术很高超，不服领导管理，个性跋扈。这时候管理者可以借助一件事或者一项工作，用提问的方式来彰显自己的说服力和影响力。管理者可以这样问：“我们的同事都是这样做的，我也是一样，没有人例外。就算你的技术很高，只要在这个团队里就要遵循流程，明白吗？”

通过这种提问方式，你看似冷漠，但实际上牢牢地掌握了主动权，把你的说服力很好地体现出了出来，轻松驾驭了对方。由此可见，提问带来的说服力度是不可忽视的。

第 2 章

提问类型决定提问水平

管理者要清楚对工作有帮助的几种提问类型。例如，开门见山的正面式提问，让被提问者不得不选的封闭式提问，用敬辞激发对方兴趣的请教式提问等。明确提问的类型，选择适合情景的提问方式，才能提高问话水平。

2.1

正面式提问：开门见山地指出问题

在提问的类型中，第一种方式就是正面式提问，也就是开放式提问，即开门见山地提出问题。当你想要更好地了解对方的想法，或者想要更好地知道对方对某个问题的真正看法时，就可以采取开放式的提问。

正面式开放提问一般没有固定的标准答案。例如，在综艺节目《鲁豫有约》中主持人鲁豫经常对嘉宾开门见山地提出问题（见图2–1）。

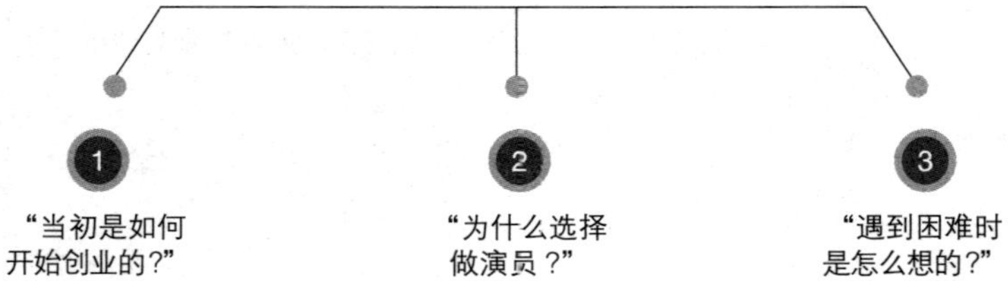

图 2–1　鲁豫经常运用的开门见山提问

所以，当你需要较深入了解某个人或者某个想法时，采取这种开放式的提问方式可能更合适。但是在使用开放式正面提问类型时，也需要掌握好具体的提问方法，否则对方会无法回答出你想要的答案。

1. 就对方熟悉的话题提出开放式问题

很多人都知道开放式提问，但是却并不知道如何在这方面准确地提出问题。有些人习惯用“今天过得怎么样？”来提出问题，其实这个问题很大，对方往往不知道如何回答。于是，他只能应付回答，这样的回答毫无价值。因此，我们必须要清楚一点，即就对方熟悉的话题提出开放式问题。

来看看下面这个案例：

一个汽车销售员的妻子非常苦恼。因为她面对的是家庭的琐碎和丈夫的冷落。为什么呢？前者是因为她需要在家里带三个孩子，后者是因为她不懂得提问。我们主要针对后者来看一下，她是如何做的。

丈夫每天下班回来，她总是会上前问一句：“今天过得怎么样？”这是一个开放式的问题，但是却毫无针对性，因为丈夫不知道该怎么回答她。于是，丈夫只好很冷淡地说：“还好，和平常一样。”然后非常疲惫地脱掉外套，倒在沙发上看电视。吃饭时，更是不愿意说话，这时候妻子还是在问同样的问题，丈夫只好默默地吃饭。

于是，妻子就认为是丈夫冷落了她。事实上，在提问这件事上，她犯了几个简单的小错误。

（1）她对丈夫的提问范围太大

虽然是开放式提问，但是也不能像开水龙头一样。事实证明，像这位汽车销售人员的妻子这样的提问（“最近忙些什么”“今天怎么样”等），对方往往需要很多精力和时间来回答，因此多数人就会选择放弃回答。

（2）问题太像客套

这位汽车销售人员妻子的提问（“今天过得怎么样？”）听起来很像是一句套话，随口说说而已，并不是真想了解什么情况。相对应，这样的提问得到的回答也往往是客套的，例如，她的丈夫回答的“还好，和平常一样。”或者“还行。”

（3）反反复复问一个问题，导致对方烦恼

上述汽车销售人员妻子每天都对丈夫提出相同的问题，也会让丈夫感到厌烦的。

针对这种情况，这个销售员的妻子必须要作出改变（见图2–2）。

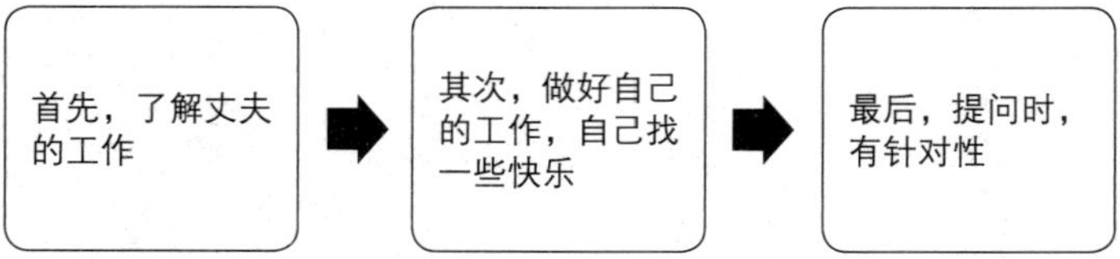

图 2–2　销售员妻子需要作出改变

例如，当丈夫下班时，她可以这样提问：“今天你遇到什么奇怪的客户了吗？”“听说最近你们新到了一批进口汽车，销售情况如何？”“快到圣诞节了，你们汽车销售有什么特殊的活动吗？”

这些问题也是开放式问题，但是这些问题都具有针对性，针对的是丈夫的工作和需求，而妻子问的这些都是丈夫熟悉的话题。因此，他会与你分享更多、更有趣的事情。如此一来，两人的感情也就会更加融洽了。

管理者如果想要用提问的方式来与员工沟通，必须要就员工熟悉的话题来展开开放类型提问。一旦没有把握好这个度，就很容易让沟通变得尴尬。

例如，销售部门主管想要了解本部门的工作情况，如果直接找到一个员工，然后上来就这样提问："最近怎么样，忙吗？"这样的问题员工是没有办法详细回答的。因为无论忙不忙，员工都会回答："还好，挺忙的。"类似的答案。然后接下来就是冷笑、尴尬、冷场。

如果管理者换个思路来询问工作情况，效果就会大不相同，例如，"小张，×××客户一直很难搞定，听说是你拿下这个订单的，你是怎么做的？我也想学习一下。"

这样的问题不但开门见山，而且直接激发了员工的激情和兴趣，员工得到了肯定之后就会详细地给上司讲述拿下该订单的过程。

因此，管理工作中，必须要掌握正面开放式提问时的三个关键点（见图2–3）。

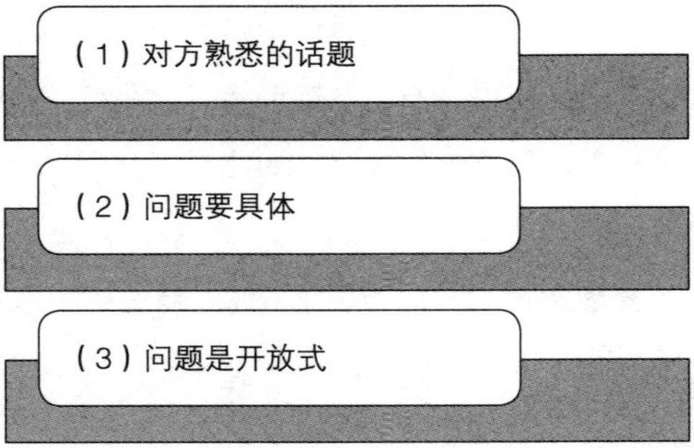

图 2-3　掌握正面开放式提问时的三个关键点

2. 正面开放提问不是“勒令”，不要限制对方

在我们日常的社交和沟通过程当中，很容易就“误入歧途”，也是最不应该犯的错误便是将“开放”的变成“勒令”的。举个简单的例子，当我们使用“什么”来提问时，往往会变成“勒令”的口吻。

例如“您喜欢这套家具吗？”对方很可能只是点点头，也可能会滔滔不绝地开始讲述自己的想法。事实上，对方只是不想表达自己真正的想法，或者对方根本就是没有想法，只是出于礼貌而点头回应而已。

因为这样的问题看上去是开放式，但是却带有“勒令”口吻。销售人员往往会因为要推荐某个产品或者卖点而“勒令”对方必须关注某个方面。所以往往销售人员在滔滔不绝地介绍某个产品时，对方只是一句“这个产品多少钱呢？”

这样的问题失败的地方就在于提问者“想当然”。例如可以把上面那句提问改成“您比较喜欢什么风格的家具？”。分析一下两句提问。

A：“您喜欢这套家具吗？”

B：“您比较喜欢什么风格的家具？”

两个问题看上去都是开放式，但是A却是“勒令”口吻，希望客户只允许关注“这套”家具，实际上问了等于没问，还不如直接介绍这套家具更好。而B则更具包容性和开放性，让客户自己选择，这样更加有意思。

在使用正面开放式提问的时候，一定要注意以下五点（见图2–4）。

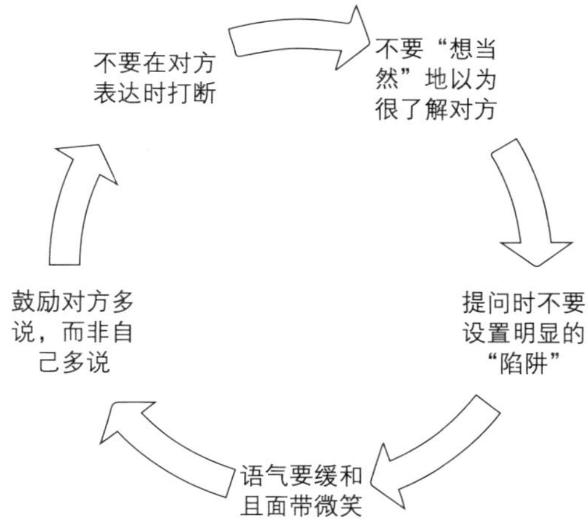

图 2–4　使用正面开放式提问时应注意五点

2.2

封闭式提问：对方只能回答“是”或“不是”

什么是封闭式提问？简单来说，就是只需要对方回答“是”或者“不是”。例如，“您能接受的设计方案是A还是B呢？”在这个提问中，对方的答案是受限制的，通常情况下是二选一。

封闭式提问类型包含的疑问词有“是吗”“会不会”“有没有”等。很多人认为，在提问时，利用封闭式提问类型很可能会成为话题终结者。例如，美发店的服务员常在为你洗头时会这样问你：

“先生（女士），您对我们的服务是不是满意？”

“您就住在附近，是吗？”

“您是不是经常休息不好？”

“有没有兴趣办张卡？”

……

通常这样的美发店的服务员会遭到顾客的“无视”。由此可见，封闭式提问并不是受人喜欢的，那是不是封闭式提问就完全不能用了呢？其实不是。那些没有利用好封闭式提问的人，是因为没有掌握封闭式提问的内涵和要点，特别是管理者在对员工进行提问时，一旦进入“封闭式怪圈”就很容易让员工感到不舒服。作为管理者应该如何准确地利用好封闭式提问这个类型呢？

1. 准确了解封闭式提问带来的三大管理力度

因为封闭式提问简单，所以管理者首先就要明确封闭式提问可以给自己带来怎样的管理力度。

（1）缓和谈话气氛

准确利用封闭式提问，可以有效缓和气氛，帮助员工快速进入谈话状态。例如，管理者想要和一个员工进行沟通，在开始交谈之前，可以选择封闭式提问类型进行寒暄。例如，“今天工作状态还好吧？”“这个项目进展得顺利吗？”……

这样一来，管理者就能很好地带动气氛，让谈话可以顺其自然地进行下去。

（2）对工作信息的确认

在管理工作中，管理者通常要先学会听，既要保证自己听懂对方的话，还要适度地重复对方的话以此来显示自己听懂了，同时更要让对方听懂自己。在这里就要用封闭式提问的方式来核实。

例如，双方在谈论一个项目的时候，管理者可以问：“你刚才的意思是这个项目还有些细节没有确定，是不是？”

通过这个封闭式提问，你可以确定自己对话题的理解是否正确。只有双方准确理解信息，才能让对话有条不紊地进行下去，才能提高沟通效率。

（3）掌握谈话主动权

我们在影视剧中经常能看到一些律师总是用封闭式提问来让被告回答是与否。例如，“请问被告，案发当天晚上，你是不是去过死者的家里？”“所以，当天你见过受害人，并且攻击了他，请回答：‘是’或者‘不是’？”……

律师用封闭式提问牢牢掌控了主动权。身为管理者同样也可以用这种提问类型来掌握谈话主动权。如果在和员工沟通中，发现对方故意回避主要问题，或者开始和你绕圈子，你同样可以问：“请等一下，对于我们刚才讨论的方案，我可以理解为……对吗？”这样一来，话题就可以在封闭式提问的扭转下，朝正确的方向进行下去。

2. 缩小讨论范围，针对某个特定问题

封闭式提问可以用“是”或者“不是”，“有”或者“没有”，“对”或者“不对”等简单词语来作答。给对方一个限制答案，让对方快速给出你想要的答案。这种类型特别适用于管理者在询问某个特定问题时的提问。例如，项目进度、设备维护、培训效果、方案设计，等等。

管理者旨在缩小讨论范围，获得特定信息。其特点是对方可能的回答都包括在问题之中，易于回答，同时又节省时间。这对工作中提高效率很有帮助。

但是在使用时，管理者一定要记住，封闭式类型提问可以用来打开某个特定问题的提问，但是不宜多用。因为它的“限制性”让对方很被动，特别是一连串的封闭式提问更会让对方疑惑甚至产生沉默，这样一来，管理工作反而得不偿失了。

3. 用于谈话末端，作出决定

封闭式提问略带有压力，对方回答时余地较小，因此基本没有太大的发挥空间，这是封闭式提问的一个重要缺陷。为了避免这个缺陷，管理者除了适度运用这种提问类型之外，还可以将其运用在最关键和最合适的位置上。例如，用于谈话末端，作出总结和决定。

在管理工作中，谈话或者会议的最后，最适合用封闭式问题进行总结，例如，“我们确立了下半年的目标，各位都清楚自己的业务了吗？”“所以，接下来你的目标是……对吗？”

在这种谈话末端中运用封闭式提问作为谈话的终结，可以更好地作出决定，让员工明确自己的任务，让管理者清楚员工的态度和做事的方法，给谈话画上一个圆满的句号。

2.3

引导式提问：精心设计，套出你想知道的答案

什么是引导类型提问？首先要明白引导提问的原理，即提问者通过提问，引导对方说出他们的感受与想法，让提问者获得更多的信息，并让对方进行自我说服。

多数情况下，被提问者往往不会主动说出自己的感受与看法，这时候想要“套”出他的内心感受，就需要提问者的正确引导。

下面看一看在哪些情况下需要使用引导式提问。

1. 不同场景下的引导提问

场景1：

提问者在介绍完一件事情之后，不要迫不及待地提出要求对方回答的问题，而是要先考虑对方的想法，有没有不清楚的地方，再根据这个不清楚的地方进行继续引导提问。

例如，管理者对员工提问：“我刚才说的那件事，你是不是有

不清楚的地方？”

场景2：

为了更好地说明某件事，提问者往往会向对方陈述更多的事实、故事来验证。讲述完这些之后，需要针对这件事来进行提问，让对方给出相应的回答，从而获得相应的信息。

例如，一位管理者对下属说：“A公司昨天发来邮件让我们拿出两个方案，你对方案设计是怎么看的？”

场景3：

询问对方的体验感和想法时，用引导提问来让对方说出他的内心想法，这种场景特别适合销售场合。例如，一个客户在体验过某款产品之后，销售员不宜直接问客户要不要买，而是要询问客户有什么感受。因为这样可以让客户把体验过的感受说出来，从而加深他们对产品的感知，这对下单购买产品有很大帮助。

例如，销售员对客户提问：“您刚才试驾这款车，感觉如何？”

场景4：

当对方表示疑问时，你可以用引导提问。很多时候你说了许多的话，但对方还是会有些许疑问，有疑问就说明了一点，即对方不了解。针对这种情况，你必须要让他了解，你提出问题，问出具体的意见是什么，再引导对方回答。

例如，管理者对下属提问：“你的意见是什么？”或者“你为什么会有这样的想法，说说看？”

场景5：

即使对方与你达成一致时，也不能急于下结论，而是要先征求对方的意见。

例如，管理者对下属提问：“这个想法你觉得还有什么地方需要补充和调整的吗？”

2. 引导式提问的方法

（1）顺着对方的想法引导提问

提问者必须要在了解对方的基础上进行提问，并且在交谈之初直接问对方对某件事或者某项工作的看法，然后从中引出进一步的提问，在认同对方观点的基础上，把对方引导到自己的想法上去。

（2）找到相似问题，并进行比较

这种方式在销售中很常见。例如，你推销一款产品，当客户说要详细了解产品时，你可以问他在购买同类产品时，一般非常注重的是什么。如果对方说注重服务，那么你就要把自己的产品和服务结合起来；如果对方说注重质量，那么你就要把自己的产品和高品质结合起来。这种采取类比的方式，可以更好地让对方接受你的建议。

（3）把复杂的问题一一分解

在管理工作中，管理者对下属提问时，如果遇到一些复杂的问题，想要更好地提问，可以把问题进行分解，然后再一一引导，这样的提问会让下属更容易回答，而且也能让对方觉得事情没有那么复杂。

在销售工作中会经常遇到这样的情况。有时候，与客户讨论了很多，最后却完全跑题了，因此，销售员必须把握本质问题，懂得把复杂问题进行分解，化繁为简，再通过一个简单的问题，了解客户为什么犹疑不决，然后根据客户的实际情况，采取相应的对策。例如以下提问（见图2–5）。

“您是否对价钱方面还有些问题？”

“您是否觉得现在买还为时过早？”

“你对这个产品的样式是否满意？”

“你是不是已经在其他地方购买了？”

图 2–5　分解问题

通过化繁为简的方法，可以使销售员不在客户的思路里兜圈子，而是跳出来，让对方根据自己的思路来回答问题，这样一来，销售员就可以有针对性地解决客户的疑难了。

引导对方说出他们的感受，就是引导他们进行自我说服。在任何形式的社交和沟通中，人们的认知有时候很容易混乱，如果提问可以引导他们将自己的感受清晰地表达出来，那么对对方而言，其实就是完成了一个自我说服的过程。

2.4

询问式提问：逐步深入发现对方需求

询问式提问是循序渐进的提问，在谈话中可以逐步深入，让对方自然而然地回答出你想要的答案。此外，“询问”顾名思义还带有“试探”的含义。当对方对某个问题不感兴趣或者没有回答意向时，你就要停止提问，然后继续下一个询问。

1. 用肯定的方式来询问

在与对方刚开始谈话时，为了更好地驾驭询问，可以先用肯定的方式来提问。这个提问可以是让对方感到惊讶的问题，因为惊讶的问题可以引起对方的注意和兴趣。

例如，“你真的已经……了吗？”“你有……吗？”你还可以把你的主导思想先说出来，然后在这句话的末尾用询问的方式将其传达给对方。

下面切换个场景来看一看这样的演示：

一个职场猎人“奉命”去挖一位人才Tom。Tom其实很明白对方的来意，所以，之前他就在电话里拒绝了这位职场猎人抛来的橄榄枝。

职场猎人认为在电话里很多话没有机会说出来，于是他来到了Tom的办公场所。在这所写字楼的咖啡厅里，Tom对职场猎人说："我只有五分钟的时间，如果你能说服我，我就愿意和你继续谈下去。"

职场猎人感觉到机会已经在眼前了，于是将早已准备好的委托公司的材料和数据递到了Tom的手中。Tom简单地翻看了一下这份材料说："这家公司才成立两年，而且老板并不懂这一行，我认为这是在开玩笑。"

职场猎听后立刻询问："现在很多的创业公司都把传统老公司干掉了，不是吗？"

Tom："尽管如此，我还是希望创业者个人的能力比较强。'领头羊'不行，团队很难前进。"

职场猎人："马云当初也不懂互联网，对吗？"

Tom："的确如此。"

职场猎人继续说道："创业者最重要的不是技术领先，而是眼光、战略和思想领先，这一点你赞同吗？"

Tom："我赞同。"

……

经过职场猎人不断地肯定式询问，这个谈话一直延续了一个小时，最终Tom认认真真地看了这家创业公司的材料和发展规划，并且通过与职场猎人的聊天非常有意向前往这家公司任职。

只要你运用得当，你的询问就能让原本不一致的观点就得一致，并且引导对方说出一连串的“是”。

2. 询问要从一般性的事情开始，然后再慢慢深入

提问虽然没有一个固定的程序，但是通常都是从一般性的简单问题开始询问，然后逐层深入。这样做可以快速发现对方最关心的问题，然后通过询问，创造出和谐的谈话气氛，为进一步地深入提问打下基础。

换句话说，询问时不能一上来就询问深入的问题，这样很容易“吓跑”对方。例如，你是一个大学的招生办工作人员，你遇到一个高三毕业生的家长，这时候你需要说服该家长，你会怎么询问呢？（见图2–6）。

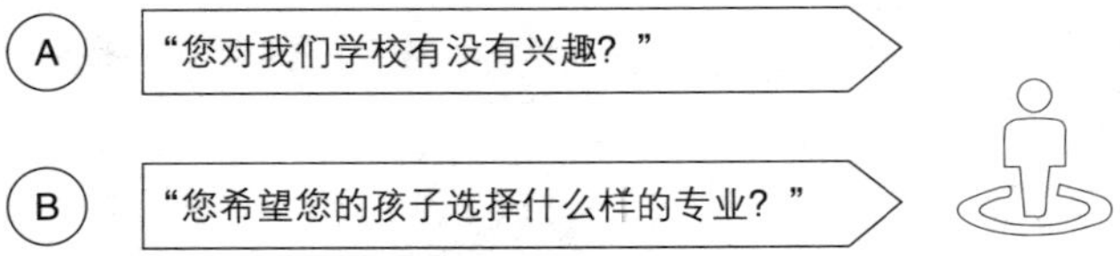

图 2–6　A 和 B 两种询问

在这两个询问中，很显然B更吸引人。A的询问很可能一上来就会把这位家长“吓跑”。B却从一般性的选择专业问题来询问，慢慢地将对方的兴趣和吸引力调动起来，然后再进行深入对话，最后把谈话重心放在你所宣传的学校上，这样的方式会更容易成功。

这种方式也被称为“需求询问”，即先了解对方的需求层次，然后再具体询问。只有这样，你才可以掌握整个谈话的大方向，可以把提出的问题缩小到某个范围以内，从而了解对方的具体需求。

如果对方的需求仅处于一个低级的阶段，那么在前期的询问环节就可以解决他的问题，因此，这是一种高效的谈话方式。

3. 询问前先进行一番简单说明

在询问时，也需要注重表述方法，如果方法不得当，你的询问很可能在一开始就被“击毙”。下面我们举例来说明。

第一场景：

同样都是虔诚的教徒，A和B这样问牧师（见图2-7）。

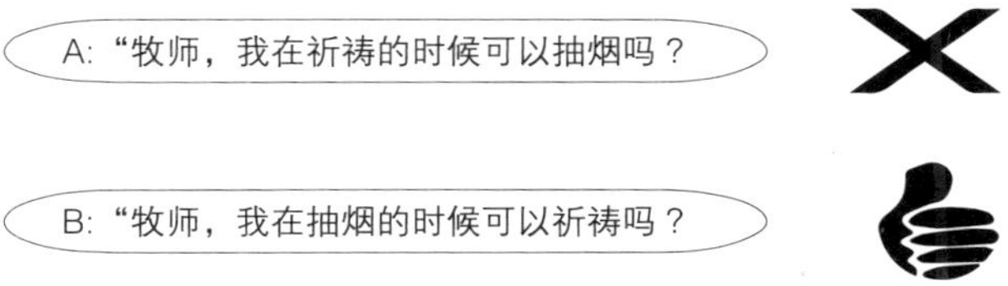

图 2-7　A 和 B 两位虔诚教徒向牧师的提问

在图2-7中，A的询问没有注重表达方式，直接违背了对方的意愿和大众所认可的道理。B则在询问时略加思考，将话语进行了巧妙的转换，这样的询问就变得符合道理了。

第二场景：

一个销售人员向一名女士推销产品，然后抛出了这样的询问：“您是哪一年出生的？”结果这位女客户掉头就走。对于同样的问题，另一位销售人员是这样询问的：“您好女士，需要您帮忙填写一份登记表，在这份表中需要填写您的年龄，有人愿意填写大一些，有人愿意填写小一些，您愿意怎么填写呢？”其结果就会好很多。

经验告诉我们，在提问时，一定要注意询问的表达方式，最好先说明一下大众认可的道理对这次谈话的帮助，有了这样的铺垫，你的询问定会事半功倍。

2.5

请教式提问：用敬辞激发对方回答的兴趣

人人都有虚荣心，都喜欢被尊重。请教在中国是自古以来的一种奇妙的社会关系的体现。在提问的方式中，可以根据人性的这个特点来进行请教式提问，意在充分“抬高”对方的价值，让对方心甘情愿地回答你的问题。

1. 先肯定并且抬高对方，后提出疑问

在进行请教式提问时，首先要做的就是肯定对方，并且有意识地抬高对方，然后再提出问题。在这个抬高的过程中，往往就会使聊天或者谈话的气氛活跃起来，也能引导对方愿意说出自己的想法。这对后期的具体提问打下了很好的基础。

例如，下面这个案例：

销售人员：“张总您好，我是企业管理咨询公司的A，想请教您几个问题？”

客户：“好，你有什么问题？”

销售人员："是这样的，经常有很多公司给我们打电话，向我们咨询关于公司库存管理和产品分类管理的问题，还特别请求我们提供这方面的人才。张总，我知道贵公司在这方面做得很不错，不知您在这方面有什么好的建议？"

客户："这个很容易，我们公司有专业的人负责仓库管理和产品管理，一般公司都应该有专人来把守这些部门。只是最近我发现我们的工作人员的工作效率并不是很高，有时需要一些报表时，往往不能及时统计出结果，这就会造成信息延误。更麻烦的是，一旦有人员流动，就会造成纰漏，不知道你们有什么好的解决方法吗？"

销售人员："张总，我想请问一下，贵公司目前使用的是什么信息管理软件？"

客户："我们没有使用这管理软件，一直以来都是人工处理。"

销售人员："那些向我们打电话咨询的公司也都喜欢人工管理，只是都没有您分配的那么精细和有条理。不过他们也在这个过程中发现了很多您刚才所说的问题，不过好在都可以解决，而且效率也会提高很多。"

客户："是吗？是什么解决方法呢？"

销售人员："是这样的，我们公司最新推出了信息管理软件……"

在上述的这个小案例中，销售人员之所以最终可以和客户友好、自然地洽谈产品，是因为在一开始就运用了请教式提问，并且先抬高了对方在人工管理信息方面的精致和优秀，甚至用对比的方式来褒扬对方，将对方抬到一定高度，然后打开了对方谈话的欲望。在这样循序渐进的模式下，销售人员引出主题性质的疑问，并且引导客户往产品方向走，最终说服了客户。

这样的请教式提问非常微妙，使用起来连贯自如，能够很轻松地打开对方的话匣子。

2. 提出一件真正让对方值得骄傲的事情作为提问引导

在进行请教式提问时，千万不能华而不实，即没有实际的请教。换句话说，不要让请教停留在字面上，应该让请教深入到对方的内心，你需要拿出一件真正让对方值得骄傲的事情作为提问引导。

例如，“听说您上次在演讲大赛中获得了金奖，这真的是一件很了不起的事情，在演讲时，讲故事方面你一定有自己独特的方法，否则不会如此惟妙惟肖，能说一说您在这方面的心得吗？”

在这段话中，提问者将对方在比赛中获得了金奖的事情作为请教的前提，这是客观存在也是不争的事实，可以让对方感受到诚意。另外，提问者还针对具体的演讲中的“讲故事”方法提出问题，这更是对被提问者的一种尊重和认可，这也充分说明提问者认真地了解了对方的优点。这样的请教提问就比较中肯和具体，也能进一步引发对方的回答。

2.6

假设性提问：给他一个回答的广阔空间

在谈话中，为了达到我们的提问目的，往往会创设一些假设性的问题情境，来引导对方展开想象，并回答在这种情境中他会怎样做，这就是假设性提问。常见的开头词语有三种（见图2–8）。

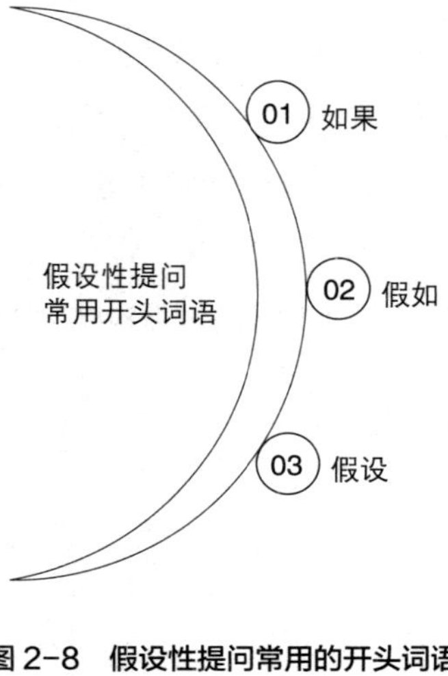

图 2–8　假设性提问常用的开头词语

真正有效的假设性提问能够激发人们的兴趣，引发争论，启发对方的思维，让对方在论证“假设”的过程中获得解决问题的成就感，进而强化整个谈话的效果。

事实上，假设性提问其实就是用假设的问题来打开对方的思维，让他的回答有一个广阔空间，这样可以有助于整个谈话的顺利进行。

1. 不可单一形式，要多样假设提问

很多人都知道假设性提问非常有意思，于是不断地惯用一两种假设性提问的形式，例如，“假如你是×××，你会怎么做？”这个句子的模式就过于单一，在某次谈话中使用一次或者两次即可，不可频繁使用。

很多历史老师会这样对学生提问：“假如你是唐太宗，你会怎么做？”“假如你是宋徽宗，你会怎么做？”“假如你是明太祖，你会怎么做？”对学生来讲刚接触到这样的假设性提问，会充满兴趣、积极发言。这样的假设性提问给学生提供了广阔的想象和思维空间，满足了学生的好奇心、表现欲。但如果每次碰到类似的情况，老师都用这样的句式提问，那么所设角色脱离学生实际体验，而且还会变得形式单一，从而影响学生的学习兴趣，限制他们的想象与思考。

在日常的交际谈话中，应该避免单一模式，不能在一次谈话中频繁使用某一个假设提问的形式。要根据语境和环境来提出多样化的假设性提问。例如，当前面运用过“假设你是唐太宗，你会怎么做”时，遇到下一个类似的问题，可以用“如果你生在那个时代，你觉得皇帝的做法合理吗？”同样是假设，由于并非单一模式，学生的思维就会更加活跃，整个课堂气氛也会更加好。

2. 做好铺垫，让对方有感而发

为什么有些人的回答或泛泛而谈，或不得要领，或不知所云，原因就在于提问者的提问缺乏必要的铺垫。

因此，在谈话中进行假设性提问时要注重引导、作好铺垫。还是以教学为例，例如，这节课讲述的是“大一统的汉朝”，老师可以先回顾秦始皇巩固统一所采取的措施，让学生明确统治者可以在政治、经济、文化、军事、思想等方面考虑采取巩固措施。接下来再引导学生明确当时汉武帝面临哪些棘手的问题，包括分封制的不利影响，地方官员和皇族势力的强大……然后再做出假设性提问：“假如你是汉武帝，要巩固你的统治地位，你会采取哪些措施？”通过这样的引导，学生的思维就比较集中，考虑得也会比较深刻。

3. 给对方一个发挥的空间

很多人在谈话中，用一问一答的僵硬式提问方式，最终把“天”“聊死”了，这样的方式就缺少一些新颖或者开放性的引子。假设性提问恰好能解决这个问题，在提问时，需要给对方一个发挥的空间，这个空间可以很大，也可以很小，总之不要局限对方的思路。当然，对方的回答思路必须要在你的掌控之中进行，因为无论多么开放的假设问题都必须是你严格设计并抛出来的。

这需要我们做到，在大情景之内抛出开放性假设问题。例如，“刚才我们说的那几位建筑师，如果是你，你会选择谁，为什么会选择他？”这个问题就在“刚才我们说的……”这个大情景之内抛出的假设性问题。严格来说，并没有“跑题”，而且还打开了对方的思维，让他可以在这个情景内畅所欲言。

例如，在一个面试场景中，一位面试官想要更多地了解应聘者的信息和想法，于是抛出一个问题：“假设你是这家公司的老板，你在管理上有什么想法，可以大胆地说说看？”这个问题看上去范围很大，但是始终没有离开公司这个范畴，这也更好地给对方带去了广阔的思维空间。因此，这样的提问非常有效。

第 3 章

好的提问都是有备而来

他人的提问可以改变人生，你的提问只能令人心烦；他人的提问可以驱动员工积极工作，你的提问只能滋生抱怨……究其原因，是你提问时没有做好准备。好的提问需要学会观察，需要学会话术，需要学会倾听，甚至还需要学会“读心术”。

3.1

会提问的管理者都是很厉害的观察者

在社交中，想要用提问获得影响力，就必须要学会提问。当你面对一个陌生的人或者不了解的人时，心中的问题可能有千千万万，但不知道该怎么提出问题，因为这个问题不但要引起对方的注意，还要引起对方的重视。这时候，你需要具备的一个能力就是观察力。

通过对他人的观察，再进行思考，想象对方在这个问题上有什么想法和反应，然后进行提问，这样的提问才能起到良好的沟通作用。

1. 细节观察，针对性提问

电视剧《神探夏洛克》中有这样一个场景：福尔摩斯第一次在实验室里见到华生，华生跟他打招呼，但他并没有理会。看似在做实验，实际上他在悄悄地仔细观察华生。接下来，忙碌的福尔摩斯开始了“神探模式”，立刻判断出华生是一名军医，并且去过阿富汗服役，腿部受过伤，和哥哥关系并不好，而且最近在找房子……最后福尔摩斯问：“下午我们一起看房子吗？”

为什么福尔摩斯会如此之快下定论呢？因为观察。他从华生说话的方式、走路的姿势、手腕皮肤的颜色、语言、掌纹等各种细节观察到华生的职业和经历。换句话说，只有敏锐细致地观察，才能在与人交流时更好地洞悉对方。

具体要从以下两个方面来观察（见图3–1）。

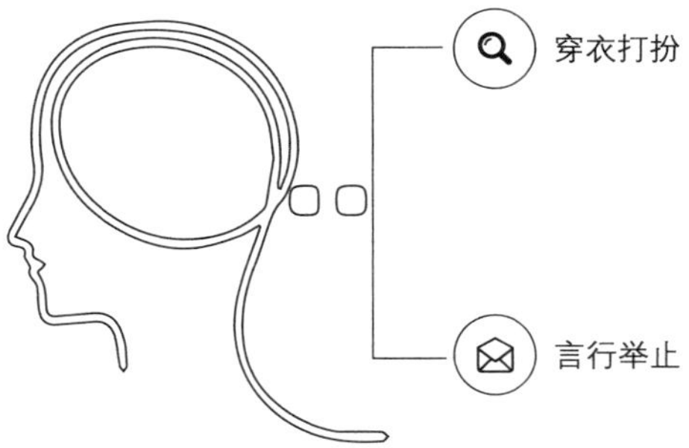

图 3–1　从两方面入手观察

（1）穿衣打扮

要观察一个人，首先是观察他的鞋子。为什么呢？如果直接先观察脸，很容易会对对方做出主观的评价，从而影响后面的客观观察。其次，在观察一个人鞋子的同时，可以看出对方的品位，相继看出对方是否在意细节问题，更由此可以判断出对方是不是一个在意小节的人。

接下来还要观察对方的整体装扮。如果对方的衣裤褶皱和污渍比较多，说明这个人不注意个人卫生和形象，更不会注重细节上的问题。

再接下来就要通过对方佩戴的首饰、妆容等来判断对方的时尚品味。这些都是判断一个人辨识度的标准。例如，你面对一个戴限量版手表的客户，那么这个人一定对时尚品味有独特见解。

（2）言行举止

我们还可以通过观察一个人的言行举止来判断这个人的性格和个性。例如，语言的地域性、语速的快慢、说话的声音大小、惯用手势、口头语，等等。通过这些言行举止可以了解对方的秉性，让我们更好地把握住对方的心性。

例如，一位面试官在进行面试时，通过简历可以看出应聘者能力不错，但是面试官想知道这个应聘者的心里想法和具体的技术理论。通过观察发现这个应聘者似乎不愿意多说话，沉默寡言、性格内向。于是他找到了一个契机，这样问："听你的口音，不是本地人吧，您老家是湖南的吗？"

应聘者很快就被这样的问话打开了话匣子，两人从家乡聊起，慢慢聊到了工作、职场规划上，而最后的结果是面试官对这次面试很满意。

有了这些外在的细致观察之后，你对被提问者就会有一个全面地把握和判断依据，再根据这些内容去提问，往往会得到事半功倍的效果。

2. 观察与被提问者有关的外在事物

一个人周围的事物也能从某种程度反映出这个人的内在和性格。例如，你是一个管理者，你想要了解某位员工的情况，你走到这个员工的办公位前，可以通过员工办公桌上的事物来观察，找到契机点提问。例如，你可能通过员工桌子上摆放的照片、小玩偶、书本，以及员工养的小金鱼、绿植等来进行观察。这时你可以从一本书问起："最近，你也在看这本书？"这样就能很好地打开话题，引导对方谈话。而且这样的提问也会很轻松，不会一上来就提出主题问题，避免尴尬和冷场。

因此，在向对方提出问题时要先注意观察和对方有关的事物，从这些事物身上找到提问的突破口。如此一来，才能让提问有的放矢，才更容易说服他人。

3. 确定观察目的，制订观察计划

想要通过观察来获得有针对性的提问，需要有一系列的流程。

（1）先确立观察的目的

对一个人或者事物进行观察时，要先进行下列三个明确（见图3–2）。

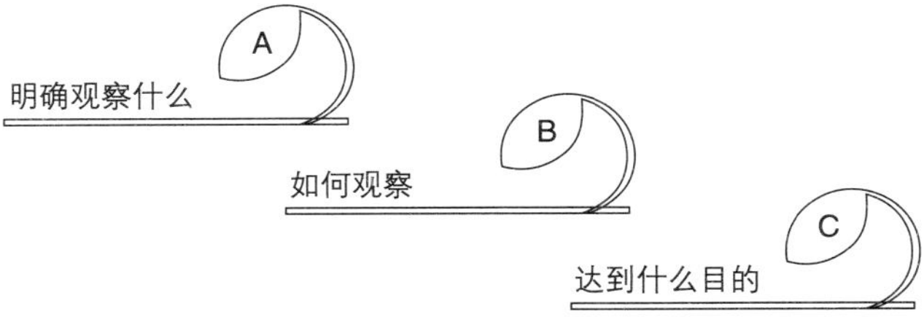

图 3–2　确立观察目的的三大前提

只有这样才能把观察的注意力集中到事物的主要方面，以抓住其本质特征。目的性是观察力的最显著的特点，有目的的观察才会

对自己的观察提出要求，从而获得一定深度的信息。

如果你只是左顾右盼，对事物不加以思考，那么你的观察力就不够强。

（2）制订观察的计划

在观察前，对观察的内容还要作出安排，制订一个周密的计划。如果毫无条理地观察，那么就不会有收获，也不会获得有价值的信息。因此，在进行观察前就要先计划好，先观察什么，后观察什么。按照观察的程序，按部就班地进行。你可以将这个过程写在笔记本或者备忘录上。

3.2

千万别问没有答案的问题

在提问过程中，无论你是普通人还是管理者，都应该注意一点，即不问没有答案的问题。不管你是出于何种目的的提问，你的结果或者目的都应该是希望他人解答你的问题或者疑惑。在管理工作中，这还会涉及到几个效率问题（见图3–3）。

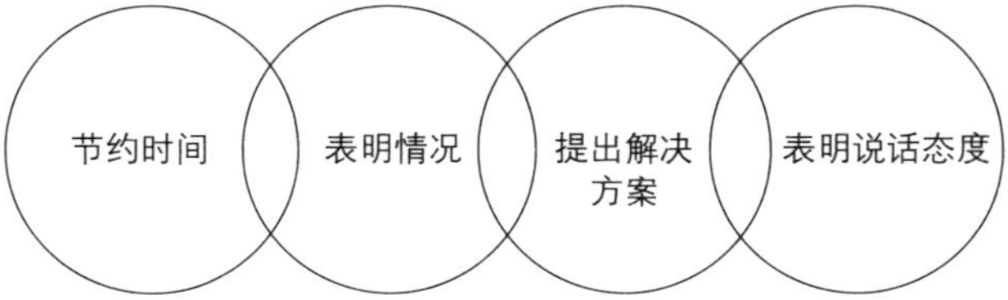

图 3–3 管理工作沟通中涉及的几个效率问题

所以，为了达到这些目的，你必须要在提出问题之前思考这个问题是不是有答案，是不是会浪费对方的时间，是不是能够解决。

1. 你的问题不能浪费对方过多的时间

很多时候，有些问题之所以没有答案，不是因为这个问题太难，而是因为你的问题太耽误对方的时间了。

在日常交际中，我们总是会遇到这样的提问："在吗？"这一句提问其实很多余。如果是面对面提问，对方一定是在你面前的。如果是电话或者语音提问，既然对方接了你的电话，就已经说明他在。如果是短信，他人很可能还要多回复一句"在"，然后接下来就又要陷入等待之中。

更有很多人问了一句"在吗？"之后就开始闲聊天，始终没有进入正题。这只会耽搁对方的时间，让对方反感。

什么样的问题才能避免这种情况发生呢？答案就是直截了当、有事说事。例如，一位主管因为销售问题对客服经理说："最近我收到很多客户的回馈，说你们的服务态度很不好，你觉得是哪里出了问题？"

这样的问题就能节约对方的时间，没有一点儿多余的话，目的明确，对方也能快速就事论事，给出回答。

2. 问题要具体明细

有些问题之所以没有答案，是因为你问的不够直接，没有把情况说明白。换句话说，这样的问题总是不知所谓。因此，你必须要具备把问题表明巨细的能力。

类似这样不知所谓的问题有以下几种（见图3–4）。

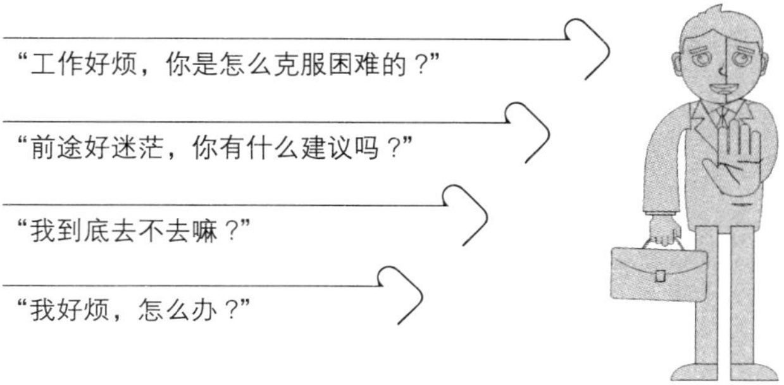

图 3-4　不知所谓的问题

如果你抛出这些问题给对方，对方根本不知道怎么回答你。因为这些问题不够清楚，不够具体，对方不知道事情的原委也就无法作出回答。

例如，我们可以把图3-4中最后一个问题改成这样：“最近工作好烦，人事部发下来的报表还有一大堆没有填写，昨天老板又让我重新做一个设计方案，你平常是怎么克服工作中这些难题的？”

问题具体了，自然就有答案了。

3. 换位思考，如果你是他，会怎么回答

提出问题时，我们不能只是站在提问者的角度上思考。还应该具备换位思考的能力。即使你是领导也应该注重被提问者的心理和心情，尤其是问一些重要的问题时，一定要站在对方的角度去思考：如果你是他，该怎么回答。

例如，一位上司想要和一名业绩很差的业务员谈话，为了避免伤害对方的自信心，上司这样问：

“最近工作怎么样？累不累？”

“还好，就是业绩差一些。”（很显然，对方是清楚自己业绩下滑这件事的，因此，前面委婉的提问给了对方一个台阶下，也不会显得那么生硬。）

“我明白。是不是有些客户比较难缠？”

“也不全是客户的原因，也有我自己的原因，最近生活上有些琐事牵绊，影响到了我的情绪。”（对方意识到不是客户的全责，于是主动表达是自己生活的原因导致工作不顺利。）

“我理解，但是你要学会控制情绪，不要把家里的情绪带到工作上来，影响团队业绩就不好了。你要不要先请假处理一下家事？”

“不用了。我会注意的，我今天下午就把客户的意见处理好，您放心吧，我能处理好。”（因为上面管理者的提问很好地缓和了气氛，而且也给足了业务员台阶，所以该业务员自然就会很诚恳地回答问题，并且给出了保证。）

从上述可见，这个管理者非常懂得站在对方立场提问，如果他一上来就问：“为什么客户反映那么差，业绩那么少？”很可能会把对方“吓住”，而且对方也不知道该怎么回答，很可能只是用“我会继续努力的。”这种回答应付过去。

因此，在提问之前，管理者必须要做好换位思考的准备，多站在对方的角度去思考问题，不能由着自己的想法一上来就责问。只有让问题有答案、有轮廓、有余地，才能问出好问题。

3.3

你需要一份干净明了的提问话术

一个恰当的提问，可以帮助你了解对方的需求信息，还能够起到引导谈话方向的效果。任何人在提问时，都要根据对方的需求来引出自己的主题和想法，但这并不表示你了解到了对方的需求信息，就可以直接进行提问。

在向对方提出问题之前，你需要有一个铺垫、一个引导，以此将话题引导向对方，这样就会很自然。所以，你必须要具备提问的表达能力，以及一份干净明了的提问话术。

1. 选择积极正面的措辞

既然是提问，就会涉及到说话。说话是语言表达方面的问题，如何把你的问题有效地组织起来，再把你的意思高效地表达出来。如何用词，就是表达中一个很重要的问题。

同样的意思，措辞不同，表达的意思就不同。一个人提问时的语言组织能力，很大程度上就表现在措辞的选择上。无论向谁提出问题，我们都应该遵循积极正面的原则，选择措辞时也应该尽量用积极正面的措辞，这样就更容易给他人积极的暗示。以业务员为例，对待客户时需要用“贵公司”“优秀”“可靠”等词语。这样给对方传达出一种正面的感觉，也能给客户带去信心。

管理者与员工进行沟通时，也需要选择恰当的措辞。例如，一位经理在向一位主管发起提问，可以这样问：“王主管，您可以把上个月的报表拿给我吗？”在这里，这位经理使用了尊称，即便是比自己小的职位，也用到尊称的措辞，给对方一种尊重感。此外，在提问的主句中也用了“您”“可以吗”这样积极正面的措辞，在很大程度上给这位主管带去了信心，这样的沟通就十分高效。

在特殊的情况下，如果你不想透露某些事给对方时，也可以用一些恰当的措辞。例如，如果有同事A向你索要同事B的微信号，你又不想给，但又不好直接拒绝。于是你可以这样问：“你是否向B本人要过微信号呢？”如果对方的回答是否定的，你可以对他说：“我建议你直接跟B要，这样比较合适。”这种回答不但不会得罪人，而且还保护了同事B的隐私。所以，如何选择措辞来提问很关键。

此外，在选择措辞时，还要注意词序的使用（见图3–5）。

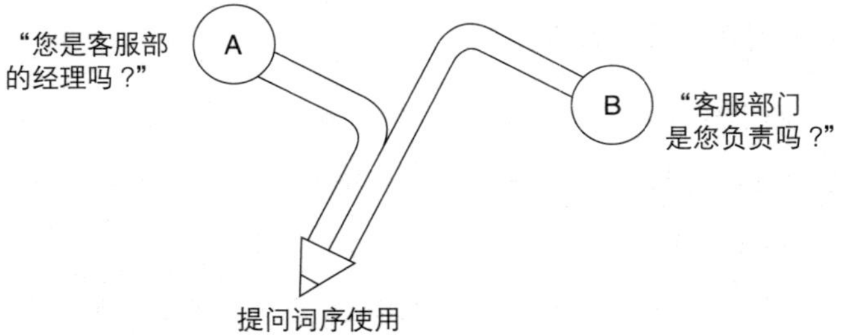

图 3–5　提问注意词序使用的两个提问

A、B两句话看起来没有太大变化，但是在词语的顺序上有了一些变化。仔细斟酌就会发现两句话给对方的感觉是不同的。A比B更让人舒服，易于接受。因为它的指代很具体，给对方的感觉是自己很受重视和突出。而B的感觉很大众，给对方感觉自己很平常。

同样一句话，用词顺序不同，表达的意思就不同。因此，在提问的时候，要组织好语言，更要注意词语的表达顺序，只有这样才能达到最佳的提问效果。

2. 简答明了的提问话术

很多管理者在提问时，恨不得只用一个提问就将自己所有想了解的信息都问出来。事实上，这是一种“笨提问”方式。因为一旦你的表达复杂，里面掺杂的内容就会很烦琐，对方稍不注意就会遗漏某些要点。例如下面这个提问（见图3-6）。

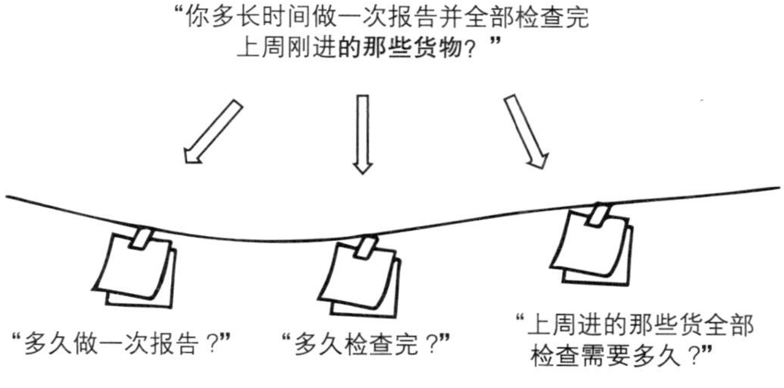

图 3-6　一个复杂问题包含的小疑问

对于这个问题，如果不仔细分析，回答者很可能不知道该怎么回答，或许只回答一个问题，如此一来，沟通效果就会变得很差。

因此，提问时在话术上一定要达到干净明了、简洁利索。具体的方式是可以把长问题分解开来，再单个提出来。例如上述问题，可以这样询问：

“你需要多久做一次检查？”

“检查完就写报告吗？”

“上周进的那批货需要多长时间检查完？”

如此一来，问题不但简单明了，而且也便于对方逐一回答。

3. 提问话术三大模具

（1）提可以确认的问题的话术

通常来说，作为提问者你需要多提出一些简单易答，且对方无法抗拒的问题。尽量不要提需要对方考虑很久的问题。下面是几个相关的提问话术。

“对如何发放安全警示的通知，安保部门一定有所安排，是吗？”

“我手上有一套最新的计算模板，可以在很大程度上提升各位的工作质量，不知各位有没有兴趣？”

上述问题就比较便于对方回答，对方通常只需要做出肯定或否定的回答即可。

所以，针对确认性质的提问话术，一般的话术是“××××××，是吗？”“××××××，需不需要？”

（2）提可控的问题的话术

还有一种提问话术是针对可控问题的话术。通常情况下，销售人员会这样提问，这种提问往往具有可控性，不会让场面失控。为此，要求提问者需要学会灵活使用开放式提问与封闭式提问。

当提问者在问题中包含“哪里”“怎样”等关键词时，提问者可以采用开放式提问，如“您会施行哪些方针来预防这些危机？”“你觉得在哪些方面需要学习呢？”。

再比如在封闭式提问中，可以用到类似的话术，“我提一个方案，好不好？”

（3）提出连贯问题的话术

在销售的提问中，经常看到很多销售人员发现客户心情好的时候，会接二连三地提出问题，从而让客户顺着自己的思路一一回答，最终实现签单。例如下面这种连贯性提问。

“您需要购买这一套礼服，是吗？”

“是的”

“鞋子您考虑不考虑看一下？”

“看一下吧。”

“您是出席什么场合？”

“商业聚会”

“商业聚会的话，一般我们推荐×××，您可以看一下，比如这双鞋就很适合这套礼服……”

在上述的提问和对话中，销售人员借助客户买礼服参加聚会的心理，提出了一系列连贯的问题，得到了客户详细的回答，从而推动了销售的成交率。

在任何提问中，你都应该时刻把握住对方的心理，然后见缝插针，进行巧妙的连环提问，以此来获得更多的客户信息。

3.4

懂提问的人都是倾听专家

在提问中，如果你不能听到重点，你在提问时也不会抓住重点。所以，提问时，做好倾听准备是非常重要的。

如果你没有认真听，就会错过许多中肯的意见和谈话内容。因此，懂得提问的人，往往都是倾听专家，尤其是管理者，必须要具备倾听的能力。

1. 具备倾听的三原则

作为管理者，在提问时，一定要先具备倾听的三原则（见图3-7）。

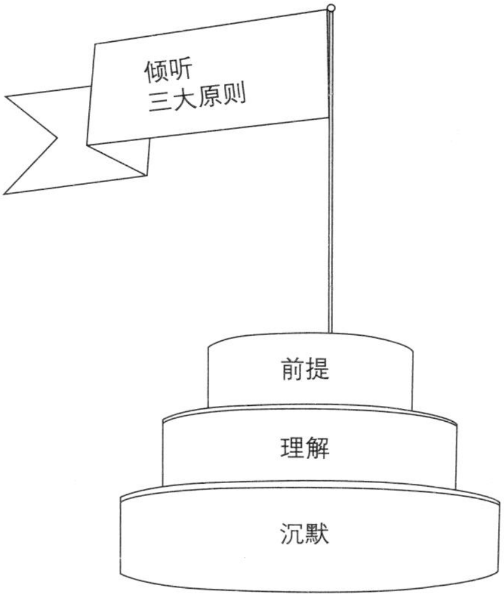

图 3-7 倾听原则

（1）前提原则

你在向员工或者客户提问时，一定要让对方知道你听到了他的话。这时候，你可以用一些肢体语言来表达自己的回应。这是倾听的一个前提原则，也是最基本的原则。

（2）理解原则

你需要在倾听时，站在对方的角度表示理解。理解对方说话的重点，这句话背后对他的利益，并且还要深入挖掘。特别是对于对方在说话时，表现出来的夸张表情、明显的动作等，一定要基于这些内容来理解和询问。

（3）沉默原则

你还需要具备一个原则——沉默。换句话说，你需要让对方把话说完。特别是对于重要的问题，你必须要让对方把话说完。因为对方的话里面很可能会暴露一些你所需要的重要信息。

2. 复述——积极倾听

在和对方提问沟通的过程中，当你接受到他人的信息时，有两个重要的任务需要完成。第一，准确地理解对方话语所表达的意思；第二，向对方传达关注和理解，让他知道你是理解他的。

而这两个任务都可以通过倾听来实现，通过积极倾听然后用复述表达出来，即用自己的话重复对方的意思。人们在谈话中复述对方的话并向对方重复地说出，还有一个目的，即花一些时间来检查自己是否正确理解对方所说的话。这种方式是避免冲突的好方法。无论谈话在什么时候开始变得过热，复述都可以使之免于失控。

来看看下面的对话，观察对话中哪里出现了问题。

员工："（叹气）好难过，客户刚才跟我说签单。"

老板："（发怒）签单不是好事吗？为什么这么惆怅，你很不喜欢这份工作吗？"

实际上，如果老板认真倾听，然后稍微复述一下，就能缓和关系。例如，将上述对话场景变为下面这样，就会缓和很多。

员工："（叹气）好难过，客户刚才跟我说签单。"

老板："（发怒）你是说你不喜欢客户跟你签单吗？"

员工："（吃惊）不，我当然希望客户签单。只是我下周已经请好假，要陪我儿子去迪士尼。如果签单的话，我下周需要去客户那里签合同。"

老板："（松了一口气）哦，这样啊，没关系，我可以给你调休。”

在这段对话中，我们看到了复述的作用。什么是复述？即在倾听的过程中，我们需要搞清楚复述的真正含义。复述不是一字不差地“鹦鹉学舌”，例如下面的复述。

A：我是很想去争取这个客户，只是需要花费的时间和精力太多了。

B：你说你很想争取这个客户，就是怕花费的时间和精力太多，是吗？

这不叫复述。这只是单纯地逐字重复对方说过的话，这种重复并没有达到澄清对方意思的目的。《牛津英汉双语词典》中对“复述”的解释是：“用不同的较简单和较浅白的语言解述对方的语义，翻译成复述不足以表达它的本意。”例如下面的复述。

A：你看上去萎靡不振。

B：你是不是觉得我很疲惫？

用“很疲惫”去解释“萎靡不振”的具体意义，这就是复述。很显然，复述是指用自己的措辞解述对方的语义，目的是为了确认自己理解对方意图是否正确，也是为了表现出自己的一种态度——我在认真倾听你说的话。这样会让对方感到你在努力理解他的想法和感受而不是去评判或分析，支持他们坦率地说出内心想法。

通常情况下，在服务行业的客服或者投诉环节中会用到这样的提问技巧。一般客服会先认真倾听客户的反馈，然后思考片刻，对客户的想法进行复述，然后提问出合适的问题，便于快速准确地解决问题。

在使用“复述”这个技巧时，需要注意以下几点。

（1）保持冷静

在进行复述时我们要保持语气上的冷静，营造一个有安全感的对话氛围。

（2）改变说话者的措辞

用自己所理解的话对说话者表达的主题进行复述。

（3）从信息中意译出一个具体事例

例如，当对方说：“我真的不知道小张都和他说了些什么。”你可以这样复述：“你是说昨晚吃饭时他对你的调侃吗？”

（4）找到说话者的潜台词

如对方对你说：“你最近要注意身体！”你可以这样复述：“你是担心我的健康会有什么问题，是吗？”

（5）降低自己的期望值

你不要以为用一个“复述”就可以让事情得到解决。如果复述完之后还是没有你想要的回应和结果时，你应该放慢节奏，及时退出或询问对方想要的结果。

在整个复述的过程中，用到的都是提问，所以用积极倾听的技巧是一种提问，一种有目的提问，可以让我们的提问更加顺利。

3. 倾听的技巧

（1）专注

无论你是领导还是职员，当对方在说话时，你的眼睛都要看着对方的额头部位，仔细倾听对方说的每个字，用心理解对方所说的内容，同时注意观察对方的肢体动作和面部表情。

（2）确认

当听到对方特别强调、关心的一些问题时，要让对方知道他所重视的东西你完全了解。如可以这样说：“也就是说，你希望我能批给你一个月的时间拿下这个客户，是吗？”

（3）做好记录

为了可以更好地提问和尊重对方，你可以在和对方谈话之前，准备一个笔记本，用它记录关键的要素和信息。当对方看到你在记，他会很清楚你在认真倾听。

（4）快速做出回应

当和对方谈话时，你需要有一个回应，包括面部表情和肢体动作，让对方看到你在认真听。例如，你可以用点头或者摇头，以及眼神上的动作来与对方产生共鸣。

3.5

选对场景，选好对象，精准提问

提问的准备中还需要注意场景和氛围的规划。选对场景，选好对象才能精准提问。首先来看一下场景的选择。

1. 提问场景选择在对方轻松自在的环境中

《鲁豫有约》的主持人鲁豫在选择采访焦点人物时，往往会选择在酒店、咖啡馆、书吧，甚至是对方的家里。这是为什么？因为鲁豫认为采访其实是一次深度聊天，也是一次专业、有任务清单的聊天。

因此在选择访谈地点时，要注意考虑以下两点：选择用户的“主场”或者“中立”地点。“主场”包括对方的家里、办公室等。这样会让对方觉得他是在自己的地盘上，可以放松自在地跟你聊天。“中立”的场所一般包括咖啡馆和酒店等。在这两种属性的场景中采访，会让对方身心放松，更容易说出内心的故事。

提问的环境应该是安静、舒适的，方便做记录，不容易被旁人打扰到。具体也要分两种情况来分别对待。

（1）如果想要获取对方的身心体验和内在需求，那么应该选择在对方的真实使用场景中。例如，你想要知道对方在使用你公司产品的具体体验痛点时，就要到对方的真实使用场景中去。如果你是做办公用品的，你就可以到对方的公司去提问。如果你是做汽车用品的，你可以选择在汽车内进行陪驾时提问。这样就更能获取你想要的信息。

（2）如果想要剖析对方的内心故事和想法，应该选在可以让对方身心放松的场所，例如酒店、酒吧等。此外，还要在场景内放一些舒缓的音乐，让安静的氛围激发对方吐露自己的想法和思想。

2. 选好提问对象

在提问的过程中，我们还应该做好一个准备，即选择正确的提问对象。特别是管理者，当员工在工作上出现了一些问题，需要提出问题时，你是否会因为选择不准确的对象，而无法解决问题。在工作上，责任对人，每个人负责的事情不同，出现的问题也不同。特别是团队中，如果出现了问题，管理者必须要针对责任来选择提问的对象。

例如，销售团队中出现了一个关于客户A的问题，你不能对所有的成员都进行询问。而是要寻找负责A客户的销售员来提问。这样不但提高了提问效率，而且还能快速解决问题，让每个销售成员都能意识到责任的重要性。

3. 营造良好的提问氛围

提问需要营造良好的气氛，否则提问的效果就会不尽如意。

（1）拿出必要的礼貌和寒暄

任何提问都不应该一上来就问，礼貌是必不可少的。我们看到很多访谈、脱口秀等节目，在嘉宾和主持人就坐正式访谈之前，主持人永远不会单刀直入，而是会先讲一些热场的话题，让彼此轻松聊聊天，以此快速拉近双方的距离。例如，可以从当天的天气、交通路况、最近时事新闻等轻松话题聊起，让对方放松。这样才能为接下来的提问打好铺垫和基础。

管理者在向下属或者客户提问时，也可以这样。一开始要拿出一些必要的礼貌。例如，询问最近工作、身体状况等。循序渐进，从这些生活细节入手提问。

（2）提问者和被提问者的位置很重要

如果你仔细观察，会发现医院里的医生给病人问诊时坐的角度都很讲究。通常情况下，除了办公桌位置的缘故，两人会呈现出30度至45度的夹角。这种合理的位置安排，可进行充分的面对面对话、眼神之间的交流、肢体语言的互动等方面的沟通。此外，这样还能有效避免两人平行就座时不能面对面直接交流的障碍，也能在很大程度上缓解压力、尴尬和紧张。

因此，管理者在提问时，也可以学习这种位置上的设计。例如“L型沙发”、办公桌的垂直两边位置等，这些也是提问时就座的最佳选择。

（3）善用肢体语言营造气氛

在制造提问氛围上，提问者还可以通过微笑和点头等肢体语言，对对方的回答表示确认与认可，同时这些肢体语言还可以鼓励对方多谈谈自己的看法。特别是管理者对下属提问时，更是如此。

3.6

拥有看透对方心理的“读心术”

单纯的提问很难读懂对方的内心。管理者想要通过提问来获取有价值的信息，必须要掌握看透对方心理的“读心术”。想要了解一个人，不但要重视提问，还要重视对方如何回答，在回答过程中所表现出来的心理特征。

这些“读心术”通常是通过肢体语言来表达，下面来详看一下不同肢体语言表现出来的“心理”。

1. 通过说话语调和嗓音来“读心”

一个人在回答问题或者主动说话之前，如果总是清嗓子，或者企图改变声调，那么他很可能会有某种焦虑或者紧张的情绪。还有些人不断清嗓子是为了拖延时间，以便更好地回答问题。这种行为中，男性占比较大，成人比儿童占比大。儿童紧张常常表现为结巴或者吞吞吐吐。此外，还有一些人清嗓子是为了向对方发出警告，表达一种不满的情绪。

一个人在回答问题或者说话之前，如果发出轻微的口哨，说明此人很潇洒或者泰然处之。当然也有些人会依靠这些行为来掩饰自己内心的慌张。这就需要你在提问时，根据不同情形做出判断。

如果一个人说话时支支吾吾，很显然这是心虚的表现。如果声调阴阳怪气，略显刺耳，那么这个人内心很可能卑鄙乖张。通常情况下，内心平和的人说话也会非常平静，内心顺畅的人说话也会很顺畅，内心浮躁的人说话就会喋喋不休。

通过分析一个人说话的方式和声调，可以有效地观察对方的心理奥秘，透视一个人的内心。

除此之外，你还可以根据这个人在平常沟通时说话的侧重点来分析这个人的内心。例如，如果一个人经常谈论自己，不喜欢谈论外界事物，往往性格内向，不爱表现自己，这种人比较保守，也有些自卑；如果一个人总喜欢谈论生活中的琐碎事情，往往是安乐、安逸的人，注重享受生活的安逸；如果一个人爱发牢骚，这个人内心一定很压抑。

总之，在提问的过程中，要注重对方说话时表现出来的细节，综合这些因素来分析，可以更好地读懂人心。

2. 肢体语言告诉你他有没有说谎

在提问时，我们最怕的是什么？是对方说谎。一旦对方回答问题时，回避了真话，吐露了谎言，那么对提问者来说就是一次失败的提问。如何才能看清楚对方是否撒谎，需要用肢体语言来判断。

（1）如果一个人真的吃惊，他的表情往往是转瞬即逝，超过一秒以上，就一定是假装的。

（2）说谎者往往会回避你的眼睛，眼神四处闪躲。但是有些高明的说谎者并非会表现出这样的行为，而是反其道而行，直接盯着你的眼睛，用眼神交流来判断你是否相信他的话。因此，提问者要学会判断。

（3）说谎的人还特别喜欢生硬地重复提问者的话。例如，提问者问："你给客户A打过电话吗？"说谎者可能会回复你："不，我没有给A打过电话。"

（4）从生理角度来看，男性鼻子下方有海绵体，如果一个男士在提问过程中不断摸鼻子，这代表他想要掩饰某些信息。

（5）判断一个人是否说谎还有一个可靠的方式，那就是看对方描述一个事件时，是否按照时间顺序进行。流畅准确地按照时间叙述出来，那么他说的就是真话。

（6）一个人在叙某件事时，如果眼睛向左下方看，这代表他在努力回忆，说明他在说真话。而说谎的人往往没有回忆的过程和行为。

（7）如果对方对你的质问表示出不屑的情绪，通常你的质问会是真的。

（8）当一个人的面部表情两边是不对称的时候，这表示他的表情是硬装出来的，他可能是在说谎。

（9）说话时，不断摩挲自己的手部，这通常是一种自我安慰的表现。

（10）如果对方双手抱胸，并且往后退一步，这说明他有些抗议，那么他说的话通常不可信。

（11）说谎的人面对一个提问时，通常会先表现出一些失措，接着假装微笑来迅速思考，然后思考出一个谎言，随后坚定地回答。这样的人往往还会伴随自言自语，因为他害怕自己的沉默让他人怀疑他在说谎。

（12）双腿交叉通常意味着此人可能会抵触你或者不认同你，这在谈判中并不是一个好征兆。《如何像读书一样读人》的作者杰勒德·尼伦伯格、亨利·卡莱罗和加布里埃尔·格雷森曾经录制了两千多场谈判，其中卡莱罗认为："只要有谈判者双腿交叉时，就无法达成协议。"

从心理学上看，双腿交叉也就意味着一个人在精神、情感和身体上出现了自我封闭，这预示着他们不愿意让步。

（13）眼角没有皱纹的笑容要小心，他可能是假笑。如果有人试图表现出开心的样子，但并不是发自内心的高兴，那么你不会看见对方的笑纹。

第 4 章

精通原则，做优质提问专家

任何提问都应该遵循这样的原则：事实原则——问题不能是错的；主题原则——问题必须要有主题；目的原则——你想要问什么；时机原则——把握好提问的时机；有效原则——提问的目的是解决问题。如果每次提问都遵循上述原则，你想问出什么答案，都不是难事。

4.1

事实原则：问题首先不能是错的

在提问的过程中，首先要遵循的一个原则就是事实原则。换句话说，你的提问必须要建立在事实的基础上，问题不能是错的。

先来看下面这个例子：

一个游客到一个小镇上旅游，在小镇的广场上看到一个老人在晒太阳，脚边躺着一条狗。

游客想摸摸那条狗，就问老人："你的狗咬人吗？"

老人说："不咬人。"

于是游客弯下腰，摸了摸狗的头，却不想那条狗一下子就扑了上来，凶狠地咬住游客的手臂，游客捂着手臂质问老人："你不是说你的狗不咬人吗？"

老人回答："这不是我的狗。"

从这个故事中你汲取到了什么教训？游客提出的问题很模糊，没有重点。对老人来说，这个问题一开始就是错的。

类似的例子在职场上也很常见，很多人在开始一份新工作或者接到一项新任务时，总有自己拿不准的地方，这时需要去问上司或者同事。如果你的问题非常含糊，对被问者来说是错的，那么就违背了事实原则，这样的问题是不可能有结果的。

因此，你必须要基于事实的原则来提出正确的问题，这也是一种重要的本领。

1. 问对人，问对事

为什么很多人的问题是错误的。主要有两个原因：第一，没有问对人；第二，没有问对事。

（1）问对人

在问问题之前，要先思考这个问题针对的是谁。如果针对的是领导，应该怎么问；如果针对的是同事，又该怎么问。在提出问题时，要让对方知道你是在请教他问题，让他有所准备并回答，而不是提出模棱两可的问题。

（2）问对事

按照事实原则来提问，还必须要问对事。这需要你事先想好，提炼出一个最核心、最关键的问题，千万不能支支吾吾半天解释不清楚。身在职场时间非常宝贵，没有人会对你的问题再进行思考，而且回答你的问题也不是义务。

你在思考时，需要注重背景资料，能少则少，不要花太多时间在介绍背景上。著名提问专家安德鲁·索贝尔曾说：“如果被提问者需要知道背景，他会问你的。”

总而言之，问问题的本质不是请他人给你做决定，而是你先有自己的想法，再去向对方印证这个想法是否正确。

爱因斯坦曾经说过一句名言："如果我有一个小时去解开一个性命攸关的困局，我会用其中55分钟的时间去确定应该提出什么样的问题。"名人尚且如此，作为职场中的一份子，你更应该掌握不可缺少的提问艺术和技巧。

2. 你提出的问题必须要有明确的答案

基于事实原则提问，首先你就要明确你所提出的问题必须要有答案。很多人提问，只是抛出一个问题，根本没有解决方案，对方就很难回答。特别是管理者在向下属提问时，给下属一个大难题，但是下属却无法给出一个结果。管理者就会很果断地认为下属工作不认真。实际上，这样没有明确答案的问题本身就是错误的。

就算你是管理者，也应该站在下属的角度，先思考你提出的问题对方能不能有明确的答案。想要让问题有明确答案，可以在提问时，遵循以下方针。

（1）"A公司并不同意我们的方案，你知道怎么回事吗？"

这个问题很明显就没有遵循事实原则，因为这个问题没有具体明确的答案。作为下属根本不知道如何回答。这个问题需要长期地调查和了解才能获得，当下是不可能给出具体方案的。

如果把问题改为下面这样：

（2）"A公司并不同意我们的方案，我想也许是预算上出了问题，你看一下预算有没有错误？"

这个问题就有了事实原则，有了具体的指向和细节上的责任，因此，这样的问题下属就能很快给出答案和解决方案。

想要让问题有明确的事实答案，需要提问者在询问问题时，作出思考和全面的观察。多站在对方的角度，假设自己是被提问的人，并回答自己提出的问题会不会有一个满意的答复。如果这个问题需要长时间地了解才能得到答案，那么这样的问题就先不要问。就算问，也可以把侧重点放在多长时间上，而不是直接的答案本身上。

此外，询问的问题不能太过主观和理想化。遵循事实原则的问题往往具备三个特点（见图4-1）。

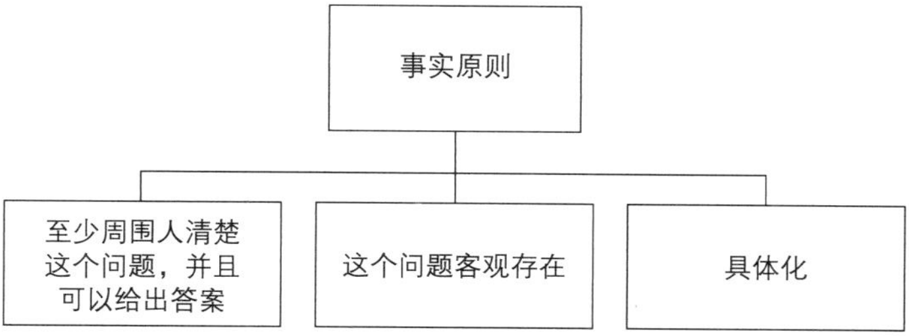

图 4-1　遵循事实原则的问题具备的三个特点

只有符合了这三点，你的问题才有事实原则，才能给对方一个思考的空间，否则你的问题就是想当然、远离事实。

4.2

主题原则：抓住一个中心提问，杜绝跑题

在提问的过程中，很多管理者由于不讲究提问的主题原则，从而失去了提问的意义，也就无法得到满意的答案。提问需要遵循主题原则，即抓住一个中心提出问题，而不是滔滔大论一通，最后却严重跑题。

1. 问题要明确中心

管理者在提问时为了能够让被提问者便于回答，需要遵循主题原则，明确问题的中心，使所提问题容易被对方理解和回答，避免提出过于复杂的问题和过于冗长的问题，即提问要简单明了，不啰唆、不拖泥带水。

明确问题的中心，可以显示出管理者对被提问者的尊重和关心，还可以让对方集中精力，更好地了解和记忆你发出的问题信息。

如何明确中心呢？

首先，要找到问题的中心。例如，你要针对一个设计方案提出问题，因为这个设计方案你很不满意，希望下属可以再多设计两份备选方案出来。这时，你要仔细思考你的问题中心是什么。

其次，划分问题的层次（见图4–2）。

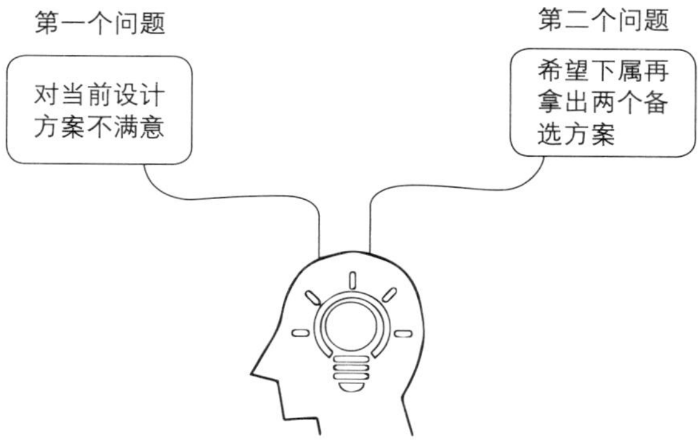

图 4–2　划分问题的层次

通过这样的划分，你发现这个问题其实是两个问题。但是这两个问题不能都是中心，你需要明确一个中心，那么你必须要找到最需要、最迫切得到的那个结果，即“拿出两个备选方案。”所以，这样就可以确定了整个问题的最中心：希望下属再设计两个方案。

于是，你向下属提问时可以这样说：“上次的设计方案我看过了，你可以再拿出两个备选方案吗？”

被提问的人通过这个问题很快就会明白，你对他的第一次设计不满意，希望再有两个新的方案。这一个问题不但把事情表达清楚了，而且也突出了问题的中心，让设计人员可以确认无误地进行第二次和第三次设计。这在整体上也是一种提高工作效率的方法。

2. 问题要始终围绕中心展开

在人际交往中，两个人自然而然地聊天时，往往会由天南聊到海北，从个人聊到大众，从国内聊到国外，从市民聊到明星，等等。在这样的闲聊中，你可以不注重主题性，因为是闲聊，没有一个根本的中心，大家可以畅所欲言。

但是，当你在职场中或者与客户交际时，你的沟通就变得非常有聚焦性。很可能四个小时的会议都只围绕一个点来展开。特别是管理者和员工进行沟通、提问时，更是如此。无论是谁提出问题，无论是谁作答，都应该拒绝跑题，让问题始终围绕中心展开。

在前文中，我们了解了如何找到问题的中心，接下来就要按照这个中心来展开提问。在提问的过程中，难免会有一些其他的沟通。例如，你询问下属关于客户服务做得如何，那么很可能在这个沟通中，你会和下属聊到客户的一些行为、本公司的方案、下属的看法、同行的做法，等等。但是千万不要扯远，你要时刻拉住提问的线，别忘记你的问题中心是什么。

针对这个中心进行沟通时，还可以进行深入沟通，最终一起探讨拿出最科学的解决方案。这样的沟通才是真正符合职场发展规律，实现团队密切合作的沟通。

3. 懂得“立意”

很多时候提问者在众多问题中不知道该如何选择。看似提出的很多问题都是重点，但不知道如何提问才能让对方舒服，便于回答。这就涉及到选择的问题。如何选择一个中心问题，关系到提问的水平和效果。

确立提问的中心主题，还有一个名词叫作“立意”，就是选择并且确立主旨，也就是把你想让他人知道的主题，明明白白地表达出来。这个中心的内容，一定有它的前因后果，所以必须贯穿整个提问，而这个提问应该与这个中心思想有直接或者间接的关联。

换句话说，提问的主旨与贯穿提问的思路得以确立以后，由这个中心思想所归纳或演绎的前因后果，才能首尾一致。所以从立意上来讲，提问的基本立场要正确明白，同时还要贯穿工作、生活的体验，这很重要。

对于如何立意，建议提问者对生活、职场和身边的事情多一些思考，从身边经历过的小事进行延伸，加入思考，而不是简单地陈述，有这样的立意，你的提问才能更加明确，中心主题才更突出。

4.3

目的原则：明确你的提问目的是什么

提问还有一个重要的原则，那就是目的原则。任何提问都要明确目的。也许你会问，提问不就是为了解决问题，而这不正是目的吗？这是目的，但是这个目的太大、太泛。你必须要给提问确立一个明确具体的目的，这对你的提问效果来说很重要。有些人经常没有明确自己提问的真正目的，因此常常导致难以得到自己想要的答案。

例如，你问对方："我该怎么做销售？"这个问题就毫无目的。为什么，因为你提的这个问题真正的目的没有表达出来。你问这个问题的目的是：你是想为你的产品做引流，或者为你的新产品做推广，再或者是为了拼业绩，等等。

不同的目的，有不同的解答，被问者给出的解答也是不一样的，这样你才能得到自己真正想要的答案。所以，提问的时候，你要明确自己的提问目的到底是什么。

1. 抓大放小，明确提问中最重要的目的

很多时候，在提问的过程中，提问者的出发点是好的，想着循循善诱，所以故意将问题掰开揉碎，这样对方不用太动脑就能听明白，但是这实际上却降低了沟通的效率。

例如，一个幼儿园的老师会这样向学生发出一连串的问题："你见过汽车吗？""你喜欢汽车吗？""你喜欢越野车吗？""你更喜欢越野车的哪一点呢？"这样的一连串问题不仅不能对课堂有任何推进作用，还会束缚学生的思维，甚至让学生变成了只知道回答"是"或"不是"的机器人。

这时，老师不如将问题直接变为"同学们都喜欢什么汽车呀，它们有什么特点？"这样相对开放的问题可以提高学生的参与度，并且能够激发学生们主动思考的热情，更有利于学生的发展。

有些人更是由于害怕问题太琐碎，于是提一些大而化之的问题。例如，有些老师会这样问学生："你们从这个影像中看到了什么？""你能提出什么问题吗？""图上表达了什么？"结果学生们就很直观地说"看到了小朋友们在放风筝""鱼儿在游泳""鸟儿在唱歌"……但是这些问题和答案都不是重点，也不是目标。这样的提问很明显缺乏明确的目标，学生们的思维也会被这一堆问题带偏离了。所以，任何提问应该既要开放，又要有针对性，必须要引导对方朝向我们的既定的目标前进。

因此，我们需要抓大放小，确定一个大的目的，然后针对这个目的展开提问，其他细小的问题则可以省略。

2. 明确目的，拒绝糊涂提问

目的是行动的先导，没有目的提问就失去了方向。这样你就不知道该问什么，为什么而问。无论你是管理者，还是普通职员，提问的目的都包含下列几个。

（1）获取信息

你问同事：“周末去哪里了？”你问下属：“任务完成了吗？”这些提问的背后，都是为了了解他人的相关信息，获取关于他人的信息是非常重要的，因为你不了解他人的信息，就无法与之交流。

在销售谈判中，很多销售人员为什么觉得自己很被动？因为客户习惯问，销售人员习惯说。如此一来，销售人员就失去了主导权。此外，销售人员以为回答得越多，客户就越高兴。实际上，客户一直在探听他们的信息，而销售人员却不知道客户的真正需求。如果都不了解户的真正需求，怎么去做销售呢？

想要改变这种状况，就必须要学会迎合对方的需求。还是以销售为例，客户之所以愿意和销售人员谈话，是期望销售员在产品方面给出专业的建议，对客户的现状进行分析。而这个分析的方法就是有目的地提问。问什么呢？问客户的现状，问客户的需求，问客户的期望，等等。当销售人员带着这些目的提问时，销售工作才能做得更好。

（2）了解对方的态度

当你用心向他人提出问题时，还有一个明显的目的，那就是希望对方作出反应。对方的态度就是你提问的一大目的。如果与对方聊得很多，并且对方回答得也很耐心，那么你就可以判断出对方对你的提问是感兴趣的。这是一种良好的反馈。

如果对方的回答很敷衍，只是几句“呵呵”“好的，我知道了。”等回答，说明对方对你的提问并不感兴趣，甚至对你也没有好感，那么你了解了之后就要适当回避，结束对话。

（3）说服他人

提问还有一个非常重要的目的——说服他人。这个目的非常现实，在营销活动、职场工作中尤为突出。

在营销活动中，你的目的就是说服他人购买你的产品。如何才能实现这个目的呢？这就需要你采用提问的方式，巧妙引导对方做出你想要的回答，从而说服他。

例如，下面这个营销场景。

手机销售人员向一位顾客推销手机。这位顾客非常喜欢这款手机的样式，于是让好友拿着样品试用拍照。结果发现这款手机拍出来的照片不够清晰。这位顾客怀疑是手机质量的问题，并表示不愿意购买。

销售人员并没有一味地继续推销，而是问顾客：“您有比这个像素更高的手机吗？”（销售人员提前观察到顾客的好友有一部×××最新款手机）

顾客说：“有，我朋友的手机是×××最新款，像素也是最清晰的。”

销售人员说：“那好，请你的好友用他的手机拍摄一张和刚才一样的照片，咱们对比一下可以吗？”

顾客以及好友欣然同意。拍完照片之后，将两部手机拍出的照片进行对比，发现好友的手机拍摄出来的照片效果和销售人员推销的手机拍摄的照片几乎一模一样。

销售人员就："在室内有灯光干扰的情况下能拍摄出来和×××最新款手机一样的照片，您是否满意？"

顾客说："满意。"

销售人员说："那么，您还担心我们的产品质量吗？"

顾客说："不担心了。"

最后这个顾客满意地付款了。

这就是提问的说服力目的。在这个案例中，销售人员的提问逻辑紧密、层层深入，有目的地将提问的主题引向自己要说服的中心——手机质量很好，请放心。销售人员自始至终都在用提问操控着整个沟通，最终顺利说服顾客，拿下订单。

明确目的，再根据目的进行有逻辑、有策略地提问，这样的提问才能层层深入、步步引导，让对方完全落入你的提问"陷阱"中，你就能够顺利实现自己的目的。

4.4

时机原则：时机对了，提问就简单多了

在提问过程中，还要按照时机原则来进行。提问的时机对了，你的提问就变得简单多了。

假如一个员工正在很忙碌地做着自己的工作，上司突然跑过来问他："下周你的任务是什么？"类似这样情况经常出现我们工作中。就算你是管理者，你没有看准时机提问，一样会得不到好结果。

在提问前，你要确定你的问题谁更可能且愿意回答（确定被问对象），然后再观看对方在什么时间和场合下最可能解答这个问题。

与人沟通需要有个好的开端，这样才能进行下去。开端并不是随便提问，而是要选择合适的契机，用最合适的语言切入，才能为接下来的提问做好铺垫。

下面来看一个没有看准时机提问的案例：

一个性格泼辣且有些傲慢的女客户找到一家中介公司，对一位知名的中介经理说："我下周要卖一艘游艇，我希望你能和我一起出面会见客户，由你来帮我在价钱上进行谈判。"

这位中介经理并不想接这个生意，但又不好直接拒绝，于是对客户说："您的游艇很新，而且是最新款，只要我们准备充分，就可以以一个很不错的价钱卖出去。但是，很不好意思，我下周有重要的事情在身，暂时没有时间代理这件事，我让我的助手做您的代理，他的能力也很不错，您可以放心。"

这位女客户心中有些不愉快，但是听到中介经理的肯定之后，还是答应了。助理坐在一边，听了上司的话也很高兴，心想终于可以大展身手。于是他对这个女客户说："经理说的很对，只要我们做好准备，您的游艇一定可以高价卖出去。但是有一点，您的脾气可以稍微收敛一下吗？如果在谈判现场，您表现出来泼辣的性格，恐怕会对我们很不利。"

女客户听到助理的这番话后，顿时很生气地指着助理说："你竟然说我泼辣，我是花钱请你来谈判的，不是请你来教训我的。"然后转身对经理说："我还是希望你能代理这件事，我可以等你下周办完事再说。"

在这个案例中，助理本来想大显身手，而且也有可能会得到一个机会，但是却因为一句不合时宜的提问引起了争议。助理之所以失去了这次机会，主要是因为他的提问和说话方式不正确，无论是在生活还是职场中，你千万要吸取助理的教训，不能在对他人缺乏观察和思考的情况下，不分时机的提出自认为有道理的问题。

下面来看一个看准时机提问的案例：

一位销售经理准备去拜访一家零件生产商的老板，在临行前，他做足了调查，了解到这位老板把曾经和波音集团签订的一张合同装裱起来挂在办公室里。

为了顺利拿到这个订单，这位销售经理认为这个合同就是提问的最好时机的切口。于是，与老板见面时几句寒暄过后，这位销售经理就说："我听说您将和波音集团的合同装裱起来，这一定非常有纪念意义，能跟我说说吗？"

老板听了之后，立刻打开了话匣子，向这位销售经理讲述了这张合同的来历，自己如何和波音集团合作的事情。老板讲得很高兴，销售经理也不时回应着。说完这件事，这位老板又和销售人员说了其他的话题。两人聊得非常愉快，销售经理看时机已到，于是问："您是否了解过我们的产品？"

老板高兴地说："了解一些，你们的产品做得很不错啊"

……

这个销售经理很聪明，他没有一上来就询问老板对自己产品的事情，而是先找到这个老板的兴奋点，并且在老板愉快兴奋的状态时，伺机插入与工作有关的事情，最终引导了老板对产品的兴趣。

1. 站在对方立场提问，拉近彼此关系

想要在合适的时机提出问题，我们就应该站在对方的立场来提问。很多人往往都是站在自己的角度来提出问题，也站在自己的角度来说话。可以想象，这样的交谈并不好。因此，要汲取这类教训，懂得站在对方立场提出问题，给对方理解和支持，这样才能拉近和对方的心理距离（见图4–3）。

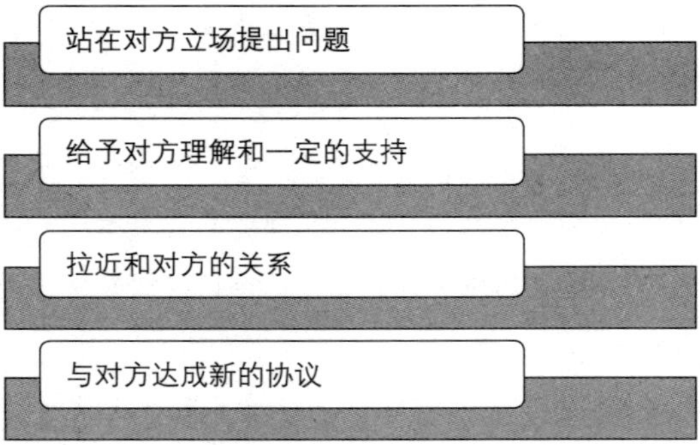

图 4-3　拉近和对方的心理距离

2. 提前把握对方的空余时间

在提问时，你必须要提前知道对方大概什么时候有空，然后再选择合理的提问方式，例如微信、电话、当面等，这样也会让对方有充足的时间为你解答分析。

如果你趁着对方忙碌时期，除特殊事情之外，很多被问者都难以真正静下心为你解答，因为你阻碍了他们正在做的事。这就好比你正兴趣盎然地看一个电视剧，突然插播一个广告，你肯定很容易产生厌烦心理。

4.5

有效原则：你的提问必须为解决问题服务

提问是为了了解信息，获取解决方案，但前提是你必须要让问题更加清晰，只有让人听明白你的问题，才能便于回答，也才能解决问题。提问的有效原则中，包含下列几个内容。

1. 让对方舒服的有效原则

对方是否愿意回答你的提问，某种程度上取决于你的问题听起来是不是能让他感到舒服。

（1）给对方造成不尊重的问题不要问

来看一看下面这个提问案例：

汽车销售员对一位客户说："您好，我是×××汽车4S店的销售员，很高兴能为您服务。"

客户说："我随便看看。"

汽车销售人员说："是这样的，我们公司最新从德国引进了一款汽车，我看您开的是×××，应该没有开过我们这个品牌的汽车吧？"

客户说：“你怎么知道我没开过×××车？我开过什么车你知道吗？”

汽车销售人员说：“可是您开的这辆车，三年前就已经停产了……”

销售人员还没说完，客户就走了。

在这个案例中，销售员提出的问题目标明确，但是却很遗憾，这个提问让对方很不舒服，结果自然被拒。也许销售人员的信息是真实的，但是客户的尊重感没有了，这种话不能直接说出来。因此，给对方造成不尊重的问题不要问，即便要问，也要换种委婉的方式来问。

（2）拒绝让人不舒服的口头禅

很多人提问时，总是带着自己的口头禅，这样的提问也会加重对方的厌烦感。例如，有些人总喜欢在提问时加上“你听懂了吗？”“你知道吗？”“你明白吗？”这种方式给人说教的感觉，仿佛老师在提问学生、大人在教小孩子一样，让人听着极为不舒服。

如果你的问题中带有这样的口头禅，对方会很不舒服，继而会影响对方回答问题的效率，甚至不愿意回答。其实，你可以将这些口头禅问题稍微更改一下，变为“不知道我说清楚了没有？”“我说明白了吗？”这样对方就会欣然接受，也会愿意回答，如此一来，沟通就会更加有效率。

2. 提问要让人听明白

在管理工作中，提问有一个大忌讳，即问的太深，对方听不懂。职场上讲究的是效率，如果你的问题拐弯抹角，太过玄妙，对方就会听不懂。因此，真正高明的提问通常都是通俗易懂的。

来看下面这个案例：

一个学生问一位刚刚入职的年轻老师：“老师，什么是相对论？”

老师思考了一下，她觉得这是一个非常深奥的问题，如果按照理论来说恐怕很少会有人明白，何况还是一个小孩子，就更无法理解。但是她并没有退缩，而是这样问学生：

“这样吧，我问你，你喜欢看卡通片吗？”

学生回答：“喜欢，我最喜欢看《多啦A梦》。”

老师说：“你在看《哆啦A梦》的时候，是不是觉得10分钟很快就过去了呢？”

学生回答：“是呀，感觉时间过得很快。”

老师又问：“那你要是饿了在麦当劳等汉堡包的时候，是不是觉得时间过得很慢呢？”

学生回答：“是的，我饿的时候感觉时间都不走了。”

老师笑着说：“这就是相对论了。”

实际上，相对论这个问题并不简单，但是老师的简单表达和概述，却让学生很容易就听明白了。这就是提问的有效原则——你必须要让对方听明白。

3. 把问题问到点上

俗话说，“说话要说到点子上”。可是在实际工作中，有些人说话总是絮絮叨叨、没完没了，让对方听着非常不舒服。有些人提问时总是不在点上，问来问去都是一些不着边际的问题，这样的问题就会影响沟通效率。

问问题时，需要问到核心处，这样才能触动他人的内心，让对方快速回答。具体的方法是：在提问之前要先整理思路，将那些与核心问题无关的内容删掉，并抛弃废话，然后将问题对准要害方面，最后用简练的话语将问题提出来。

在这个过程中，可以避免谈论一些无聊的话题，否则你浪费的不只是你自己的时间，还有被问者的时间。

4. 将难题层层提出来

有些问题很简单，但是不一定好回答。有些问题很难，但是未必不容易解答。提问者需要在提问时，将难题层层分析并且提出来，这需要逻辑思维。但是很多人因为缺少逻辑思维，所以一上来就提一个难度很大的问题，这样被问者就会毫不犹豫地拒绝你。但当你把问题层层分解并且提出来时，难问题也很容易得到解决。

来看一看下面这个心理测试：

美国著名的社会心理学家弗利特曼和费利哲曾经针对斯坦福大学附近的居民社区做了一个有趣的测试，先是给这些居民（家庭主妇）打电话，电话内容是这样的："您好，我们是加州消费者协会的工作人员，想了解一下消费者的实际情况，能请教您几个问题吗？"

几乎有80%的家庭主妇都同意，并且回答："好吧，请问。"因为这个事情很简单，只需要家庭主妇们在电话里回答几个简单的问题即可，例如"您喜欢哪个牌子的番茄酱？""您喜欢什么牌子的卫生纸？”等等。

一个星期之后，两位心理学家再次打电话给这些家庭主妇，并且问他们：“对不起，再次打扰您。为了扩大调查，我们将会派几名调查员到您家中，当面请教您关于日用消费品的消费问题，您可以支持吗？”

有接近60%的家庭主妇都同意了这个请求。但是按照以往的实际情况来看，美国民众是很不喜欢陌生人上门做调查的。为什么这次会如此容易呢？因为在这之前有了一个小小的电话询问铺垫，这让人们不好意思拒绝。

与此同时，心理学家还做了另外一项调查，那就是越过第一次的电话询问，直接请求去居民家里做调查，结果只有不到20%的居民同意这个请求。

通过这个测试会发现，如果一开始就提出一些比较有难度的问题，很容易让人望而却步，甚至还会毫不留情地拒绝，这在销售人员身上最常见到。销售人员往往会采取分步策略，有分寸地提出问题和要求，将难题层层分解并且提出来，这样对方便于回答，如此一来，问题的有效性就有了。

第 5 章

设计完美提问框架，由难变易

有些问题很复杂，需要一个提问框架，即提纲，就好比做数学题需要公式，提纲就是公式。先掌握提问四要素，其次设计问话提纲，然后展开提问预演，再进行各种各样的细微结构设计，最终让对方“顺利”掉入你的提问“陷阱”中。

5.1

提问四要素：对象、内容、时机、方式

想要更好地提问，必须要明确提问的要素。这就好比写一篇记叙文，首先要搞清楚三要素：时间、地点、人物。提问也有一个基本的框架，在这个框架中有四个基本要素是必备的，即对象、内容、时机、方式。

1. 提问对象，重点是打开对方的心扉

美国著名主持人、前CNN特派记者、艾美奖获奖记者弗兰克·赛斯诺在《提问的力量》一书中提出：想要让提问更加完美，必须要有一个很好的开端，这个开端就是搞清楚提问的对象。

假如提问的对象是我们的客户，可以先对这个对象进行分析。分析对方的喜好、住所、消费习惯，等等。然后根据对方所喜爱的事物着手提问，给彼此一个了解的过程，待了解得比较深入时再向对方提出主题问题。例如，客户喜欢打保龄球，你则可以询问客户最喜欢去哪里打保龄球，在这之前你需要提前做好保龄球的功课，然后在提问过程中给客户讲解一下关于保龄球的信息。当客户进入放松状态时，再向他提出你所关心的问题。

管理中，如果你的两位员工之间发生了矛盾，那么可以确定提问的对象就是这两位员工，如此你可以提前了解这两位员工的特点和性格，然后逐一谈话了解情况，如对A可以这样问："平常很少看你发脾气，头一次看你这么生气，看来B的一些行为惹恼了你，可以说一下吗？"

如此一来，无论你的提问对象是A还是B，都能让对方觉得你理解他的处境，你们是一个战线的，这样就能慢慢打开他的心扉，引出你想知道的问题答案。

因此，对提问对象，要做到以下两点分析。

（1）先了解问题所在，然后根据问题选择合适的提问对象

假如你的团队中有A、B、C、D四个人，各负责四个项目。这时出现了客户反馈的问题，你需要向团队交代清楚。有以下两种情况。

第一，你拿到问题之后，发现这个问题不是针对某个人，而是针对整个团队。于是你的提问对象就应该是A、B、C、D四个人。你可以召开一个小型团队会议，一起在会议上把问题提出来。

第二，你拿到问题之后，发现这个问题针对的是四个人其中的某一个。这时你的提问对象就是四人之一，你需要把提问对象锁定在这个员工，并且快速了解这个员工的基本信息和性格，然后根据问题进行单独提问。

（2）对提问对象提前了解

当你的客户是你的提问对象时，你通常会提前做好客户分析功

课，了解客户性格、爱好等信息。先用一个简单的提问打开对方的心扉，然后进入正题。

当你想要对某个员工提问时，也要提前做好基本的信息概括，包括这个员工平常的工作态度、工作成绩、同事关系、年度表现、家庭情况，等等。只有这样，才能让提问有的放矢。

2. 提问内容，必须是具体且具有本质的

确定了提问对象之后，接下来你必须要确定提问内容，这是提问要素中核心的一个环节。换句话说，你需要拿出一个好问题，否则你的提问质量会下降，你得到的结果也会有所失望。

作为管理者，提问的内容必须是具体且本质的。换句话说，这个提问内容需要是有具体细节、有事件的根本性质，而不是笼统或者模棱两可的概念。

例如，面试官经常问应聘者："在未来三年之内，你有什么职业规划？"这个问题其实就是具体且本质的。一般情况下，应聘者的回答也会逻辑清晰，甚至分阶段阐述。

相反，如果面试官问应聘者："你怎样定义成功的职业？"这就属于一个很大的范畴，甚至模棱两可，让人无法作答。

如何才能让提问内容具体且有本质，可以按照下图进行构建问题（见图5-1）。

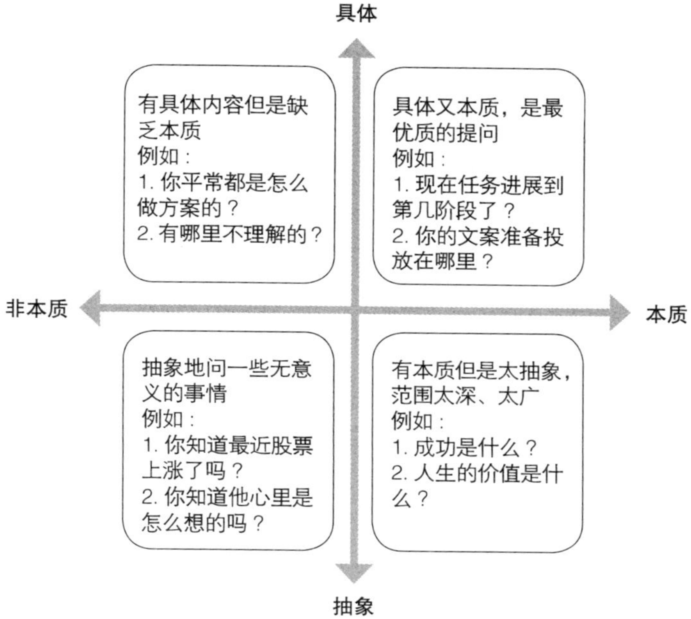

图 5-1　具体又本质的提问内容

3. 提问时机，不早不晚让他刚刚想要回答

世界著名成功学家博恩·崔西曾说过这样一句话：“在销售中，能用问的就不用说的。”这句话被誉为销售圣经。事实上，有经验的管理者都知道，问问题是最好的管理方式之一。

在提问的框架中，提问时机也是一个非常重要的元素。恰到好处的提问不但可以获得真实有用的信息，还可以有效地控制现场节奏、引导沟通，让谈话进程向自己理想的方向发展。

如果问题提得过早，作为被提问者，就可能由于缺乏足够的信息，而给不出有价值的回答；如果问题提得太晚，你很可能会让对方失去想要回答有价值内容的机会。

曾经担任麦肯锡伦敦分公司合伙人的杰茜卡·斯蓬金，她认为作为一个管理者应该从下面五个方面来把握好对员工提问的时机。

（1）与员工沟通气氛变得融洽时。

（2）对员工的表述感到困惑不解，需要提问搞清楚思路时。

（3）由于某种误会导致员工不满，需要用提问引导对方进行思考时。

（4）在与对方的谈话中发现对方有严重跑题或者刻意转移话题时。

（5）员工没有在处理紧急且重要任务时。

提问是一门技术，不要以为你是管理者你就可以随时随地向员工发出提问，想要得到优质的答案，必须要抓住恰当的提问时机。

4. 提问方式，懂得思考和选择提问方式

提问方式关系到提问质量，更关系到沟通效果，甚至是工作效率。

来看看下面这个美发店服务员的提问方法：

“女士，您从哪里过来？”

“人民广场。”

“人民广场过来好像挺远的吧，这个时间，路况怎么样？”

“刚刚过了上班高峰期，但依旧很塞车。本来半个小时的车程，我开了一个多小时才到。”

“辛苦了！对了，以前没见过您，您之前主要在哪家店做美发？

“×××店。”

“我听过这家店，他们的技术怎么样？”

“以前技术还行，后来换了设计师，水平差了很多，服务也下降了。”

“是这样啊，那您来我们店是来对了，我们店的设计师都是一流的，全部来自……”

在这个案例中，美发店服务员根据客户的心理变化抓住提问时机，选择了轻松的提问方式，巧妙地打开了对话。然后经过思考（客户之所以放弃之前的店开车前来自己的店，一定是有原因的），选择了对比提问法和暗示提问法，引出了自己的店铺的特色，给客户带去了信心和好感。可见，只要你懂得选择合适的提问方式，哪怕是一个美发店服务员都能为店铺带来巨大的客流量。而管理者往往在提问时容易走向两个误区（见图5-2）。

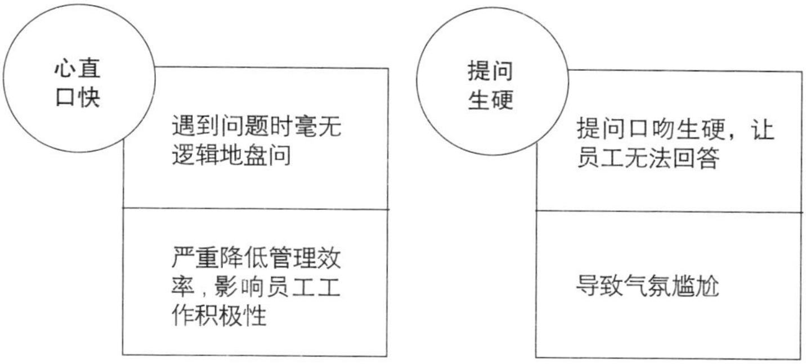

图 5-2　管理者经常犯的提问错误

真正有影响力的管理者通常在提问之前会先进行思考，经过思考之后提出的问题往往具有逻辑性也比较合理。同时，在这个思考中，管理者还会选择恰当的提问方式。例如，三段论推理提问法、对比提问、暗示提问、激将法，等等。

提问是管理工作中的关键，会提问可以提升管理者的情商和管理效率。从某种程度上说，提问的差距，就是管理者的差距。只有把握好提问的四要素，才能从整体结构上抓住提问的思路，让提问更加有力度。

5.2

问话提纲：对所提问题要有概括

想要让提问更高效，必须要在框架上做好功课。明白了提问的基本四要素之后，接下来就要拿出一个好的问话提纲，换句话说，你对所要提的问题一定要有个概括。

好的提问者会认真寻找和搜集资料，并拟定一个完善的采访提纲，这是成功提问的一半。

1. 提问提纲的步骤

（1）通过对问题的现实状态和变化进行研究分析，找准问题的关注点和难点能否准确、敏锐、富有远见地选择一个好的提问，关系着一次沟通的成败。这需要提问者对现实和工作生活有敏锐的嗅觉，甚至还要具备对社会动态的趋势把握。通过这些调查研究，才能在凌乱琐碎的问题中找到适宜的问题。

（2）做好背景资料的搜集和分析

这也是考察提问者平时的积累和分析问题的能力。当你发现一个问题时，如果不加以分析，你甚至看不到问题背后的本质。所以，当你发现一个问题时，需要分析这个问题背后的东西，如果是管理者，还要分析出这个问题对日后工作的影响以及对被提问者的影响。

（3）拟定一个全面、深入且思路清晰的提问提纲

提问提纲是提问者逻辑思维和思考问题层次的体现，一个好的提问提纲，能够帮助提问者掌握提问的主动权，使提问得到完善的结果。在设计提问时应该涉及下列具体的问题。

目标：你的提问目标是什么（这是一定要思考的）。

障碍：分析出你在提问中可能会遇到的一些阻力或者障碍（提前想到这些，有助于快速应急处理，让提问得以顺利进行）。

解决：提问的目的是解决问题（管理者要本着解决问题的态度出发，而不是为了提问或者刁难对方而提问）。

开始：开始提问时，要注意措辞、语气以及态度等（这些都关系到一个提问的成功与否）。

一个提问提纲的拟订还和提问者本人的问话习惯、交流方式有很大的关系，但确保问题的独特、准确、连贯、创意、引人入胜才是更为重要的因素。

2. 提问提纲的范例

通常情况下，在生活中的提问都是即时的，不需要在书面上做出提问提纲。然而，为了能够保障提问更加高效和专业，也让提问在更多种情况下能得以顺利进行，例如记者采访、管理者采访等，需要将提问进行专业的提纲化。下面是一个记者采访的提问提纲范例。

采访提问提纲

1. 采访主题：关于维护公民隐私权的××××××

2. 采访目的：

通过采访，认清我们身边存在的隐私泄露事情，让大家树立隐私意识，并且增强尊重他人隐私的责任感。

3. 事件相关背景：

据了解，目前我国法律对个人信息的保护力度相对较薄弱，公民个人信息被泄露和滥用已经到了非常严重的程度……这种行为不仅干扰了许多人的生活秩序，还影响到个人财产，更甚者生命安全也受到威胁。由于苦于凭个人力量难以抓住证据等原因，很多隐私遭到侵害的当事人不知道到哪里去讨说法……面对此类现状，加强立法，健全个人信息保护法制体系已经迫在眉睫……

4. 采访对象：

（1）愿意接受采访的当事人；

（2）参与者；

（3）兜售含有私人信息资料的相关人员；

（4）把私人信息泄露出去的单位和个人；

（5）相关法律专家。

5. 采访形式：一对一访问。

6. 问题设计：

（1）当事人（愿意接受采访的）

①您是如何了解到自己的隐私被泄露的呢？当您知道后，第一

反应是什么？

②您认为是什么人泄露了您的隐私呢？

③隐私泄露对您和您的家人带来哪些困扰和伤害呢？

（2）参与者

①您是如何看待隐私被泄露的问题呢？

②换个角度，如果您的隐私被泄露了，你会采取什么措施，是沉默，还是拿起法律武器保护自己？

③您有没有泄露别人的隐私呢？

（3）兜售含有私人信息资料的相关人员

①您手上的他人的个人信息资料是从哪里获取的？

②这些信息对购买者有什么用途，您能从中获得多大利润？

③购买这些信息的人多吗？

④您有没有意识到这种交易会给别人带来很大的困扰和伤害？

⑤您是否知道这种行为是侵犯别人的隐私，是法律所不允许的？

（4）把私人信息泄露出去的单位和个人

①您为什么要把他人的个人信息当商品出售呢？这对您有什么好处？

②您个人认为隐私和权益哪个更重要呢？

③您了解国家相关法律规定里有没有允许私人信息买卖这种行为的存在呢？

（5）相关法律专家

①您认为现在社会上为什么会出现这些隐私泄露行为呢？

②隐私泄露和公民的知情权有什么界限和标准呢？

③目前法律条文是如何规范公民隐私不受侵犯的？

④针对这种行为，公民应如何维护自己的合法权益呢？

这份提问的提纲不是很长，但是特别清晰，从这个提纲中可以对问题一目了然，提问者可以在内心对这场提问有一个概括和把握。

5.3

提问预演：让问题在脑海中预演一遍

提问是一个沟通的方式，也是一种技巧。因此，好的提问需要一个完美的预演。在这个预演中，你需要把问题在脑海中进行一个系统的呈现。

1. 先了解被问者

在常规的沟通中，你如果不先了解对方接收信息所处的阶段，沟通起来就会很困难。假如对方和你是第一次沟通，这就表明对方对你的任何信息或者背景知之甚少，这时候你在和对方沟通时，就需要详细说明，越详细越好。

假如对方已经和你有过次数沟通，这时你在和对方沟通时，需要重新挑重点，并且尽可能沟通一些新鲜信息。

假如对方已经完全掌握了你要说的信息，那就没有必要再说一遍了，而是直接进入讨论阶段，最后直接得出结论即可。

在提问预演中，提问要根据提问对象的不同，提问也要有所不同。

（1）面对第一次和你接触的人，提问时要言简意赅，且表明重心，特别是对专业人士。例如你去看病，对专业的医生就不能太啰唆，而是要言简意赅地表明自己的想法。

（2）面对关系比较亲密的朋友，在提问时可以适当加入一些故事性的内容，这样可以突显两人的亲密关系，同时也能让问题更加风趣。如你对闺蜜可以这样提问："听说你男朋友是飞行员，让他帮我介绍个又帅又威猛的机师呗？"

（3）面对上司或者是下属，在提问时可以直接说重点，省去背景和铺垫。例如管理者对下属："明天十点，客户的资料可以整理好吗？"直接简单，不需要太多的修饰和铺垫，既能节省提问时间，提高工作效率，又能快速解决问题。

在这里预演的技巧是需要把自己置身在被提问者的角度去思考。思考的因素有以下几点（见图5-3）。

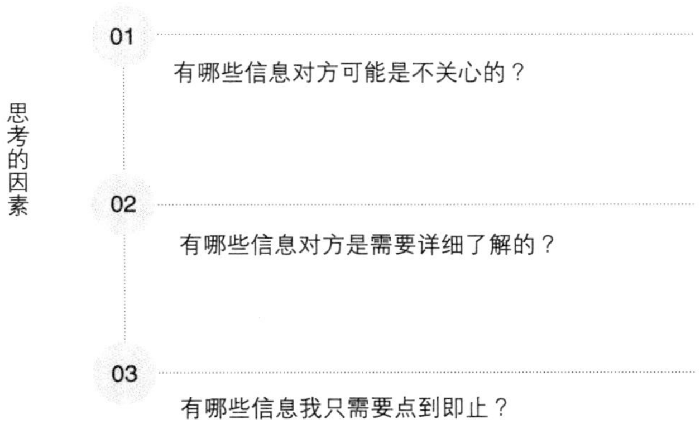

图 5-3　思考的因素

此外，如果条件允许，我们还应该了解对方的心情，也可以通过一些微表情来判断，这样对接下来的提问就能有一个整体把控。

2. 提问预演中，要有一个主题

在提问框架中，你的提问必须要有一个主题。换句话说，你必须要清楚地知道你要向对方提什么问题。很多时候，我们对一个人或一件事非常不满意时，感觉满腔怒火和满腹意见。但是当你见到了当事人时，却不知道该问什么。

这就是尴尬的来源，也是你提问水平太差的根本原因。具体的做法（见图5–4）。

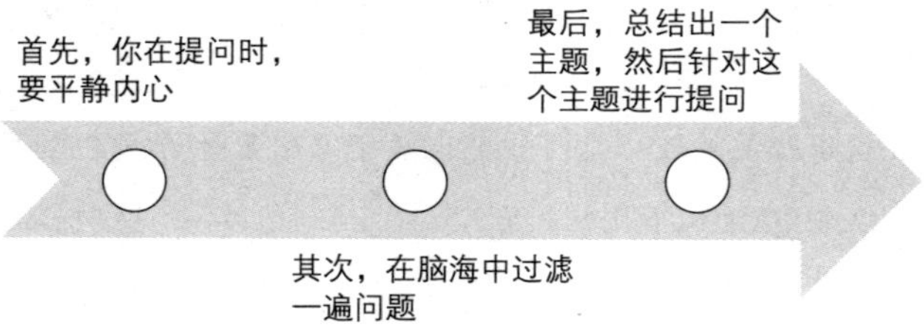

图 5–4　具体做法

例如，一位管理者觉得某位员工和其他员工的关系很差，于是想要找这位员工谈一谈。在谈之前，他勾画了一个大概的提问轮廓，列出了要提问的重点，即“如何才能和同事保持融洽”。

很多人一上来就会问：“你为什么和同事关系不好？”其实这个问题我们早已知道，也是既定的事实，所以不需要再拿出来重复提问。而且你要解决的问题不是为什么他和其他同事关系不好，而是如何才能将这种关系保持融洽。

3. 预演时用最短的时间问，用简单的话说

很多人在提问时，总是不知所措，以为找到了当事人，就可以随便提问，甚至还会把提问当成了吐槽。例如，下面这个案例：

“你好，我有一件事要问你。我在一家出版社工作，我与另一部门的一位同事搭档，工作内容有所交叉。这位搭档比我资历老，职称也比我高，但是却总是以此来表高姿态，不愿意做事，有任何难事或者差事都交给我。我提出的每一个想法，他都会否定，甚至还在上司面前说我经验不够，需要多积累。于是上司就把所有的工作都交给我，任何工作只要进度缓慢，上司就会质问我。一旦工作上我与搭档出现了任何矛盾，矛盾点也归于我。因为不是本部门的工作，所以具体的工作开展，肯定需要搭档的帮助才能进行，而且很多事情本就需要我们两个共同解决，可是我总是被怼。我究竟还要不要管同事那一摊子事，不管的话，上司会问责我。所以，你能给我一个好的建议吗？我真的不知道该怎么办。”

事实上，这个人说了这么多的话，最终问题是“如何用积极的方式来处理这段工作关系？”

这个提问的逻辑是对的，但是因为没有预演提问，所以把提问变成了发牢骚。这就变成了非常低效的沟通方式。耐性不好的人，早就走掉了。

提问不是讲故事，不需要百转千回的情节起伏，也不需要人物的特点介绍，特别是在职场中，提问需要的是直截了当，让对方听明白。真正高效的提问预演有三个步骤（见图5-5）。

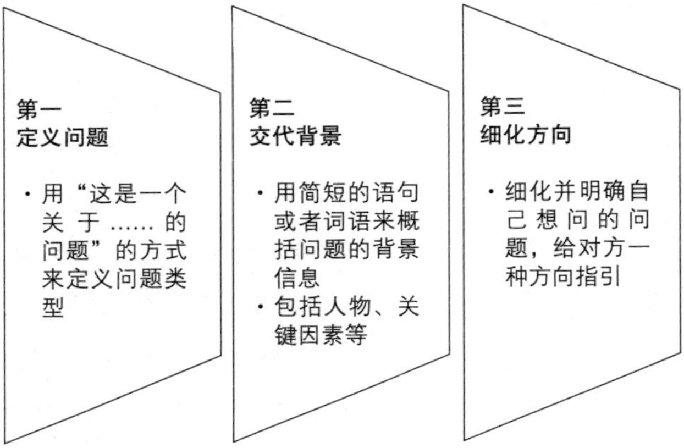

图 5-5　高效提问预演的三个步骤

经过预演之后的提问，一定是言简意赅且直戳要害的。

5.4

3W 结构：怎么了→所以呢→然后呢

在提问的框架中，我们还需要明白一个道理：没有结构化的问题，就没有答案。

没有框架的问题，当你在接受任务时，就没办法知晓上级传递的信息是否有遗漏或模糊不清的地方。

只要你熟练掌握3W结构——怎么了→所以呢→然后呢？就能问出有逻辑、有结构的问题。

看下面这个案例，你就知道运用结构法提问的好处了。

妈妈："宝贝儿，今天去参观消防队都看到了什么呀？"

儿子："嗯，有红色的房子、大大的卡车，解放军叔叔还拿着枪，我们还去了解放军叔叔的宿舍参观。"

妈妈："哇，今天看了这么多东西啊，那你觉得什么最有意思呢？"

儿子："有啊，解放军叔叔叠的被子很有意思，非常整齐，像豆腐块儿一样，鞋子也放得整整齐齐。"

妈妈：“那你觉得为什么老师会带你们去消防队呢？”

儿子：“因为老师想让我们回家自己做家务。”

妈妈：“那你以后准备怎么做呢？”

儿子：“我今天上床睡觉前要把鞋子放得整整齐齐，明天我也要自己穿衣服、叠被子、系鞋带……”

这个场景对话看似简单，但是却非常有结构。通常情况下，父母和孩子的交流都不够深入，而且总是感觉交谈不下去。一般父母总是会问：“今天过得怎么样啊？”孩子一句“挺好的”或者“累死了”就意味着对话基本结束了。

通过上述这种结构化的提问设计，简简单单的几个问题，就能让孩子深入思考，而且是用小孩子独特的视角来看世界，而没有被成人的思维定势左右，这才是最有成效的沟通。

1. 怎么了（先把握大方向的提问）

在提问时，你毕竟不是对方，无法读懂对方全部的心理，这时候就需要提问去了解对方的心理。因此，一开始时，可以先用“怎么了？”这个宏观问题来提问，从大方向上把握整个提问。同时，借助这个提问开端可以掌握对方的一些信息。

在这方面也是有技巧的，即需要借助一件事来引出。不能开口就问：“最近过得好吗？”“这段时间工作怎么样？”等。这样的问题很容易“问死”提问，对方一句“还好”或者“还行”之后，就会很尴尬，你也不知道该怎么接话了，这样就会将整个谈话氛围陷入冷场之中。

因此，你需要借助一件事来询问出“怎么了？”

例如，著名主持人李静在采访嘉宾时，首先会问："最近您的一部作品正在热播，题材有些尖锐，您当时怎么会想到接这部剧的？"

借助一部作品或者一件其他的事情来引出这个大的方向问题，在这个过程中，提问者可以巧妙细微地把握一些细节，然后为接下来的提问打好基础。

2. 所以呢（问出对方内心的想法）

当借助上述的结构问出了大方向之后，我们就可以从细节上来把握对方的心理，从中还能找出一些其他的细小问题。这些细小问题必须要是具体的、可回答的，只有这样，你才能问出对方内心的想法。

提问者如果不想知道对方内心的想法，就不算是一个好的提问者，因此，你必须要学会问出对方的心理想法。

具体操作可按如下方法。

（1）用你的想法去引导对方说出自己的想法

例如，"我觉得这件事应该是客户单方面处理不当造成的，你觉得呢？"这样的问话，可以激发对方说出心里的想法，以此来把握对方的心理。

（2）用外在的说法去引导对方说出自己的想法

例如，"销售部最近都在提×××那个品牌，你怎么看这件事？"借助外在的说法来引导对方说出自己的意见，这种方法在管理工作中常用。

（3）用存在的事实去引导对方说出自己的想法

例如，“客户方发来邮件，说我们需要承担30%的责任，你怎么认为？”用这个已经存在的事情来引导对方的想法，让对方说出自己的看法。

3. 然后呢（把解决方案拿出来）

提问结构中，最核心的一个环节就是“然后呢？”这涉及具体的做法，也就是问题的解决方案。所有的问题问出来之后，如果没有答案，就等于白问。因此，我们的提问结构必须要围绕最后一个解决方案来进行。

例如，按照上述方法了解了对方的观点之后，接下来管理者要趁热打铁，继续问：“那你认为我们下一步该怎么做？”或者“对待客户的这种行为，你有什么建议？”如此一来，不但能够让沟通持续下去，还能得到具体的解决方案。这样的提问就是高效的，也是管理工作中最需要的。

5.5

鱼骨结构：把提问明细用鱼骨图画出来

什么是鱼骨图？鱼骨图是由日本管理大师石川馨先生发明的，也叫石川图。鱼骨图实际上是一种发现问题“根本原因”的方法。

这种图形看上去像鱼骨，把问题或缺陷（即后果）标在“鱼头”之外。在鱼骨上长出鱼刺，并在上面按出现机会多少列出产生问题的可能原因，这有助于说明各个原因之间是如何相互影响的。

对于很多问题的特性总是受一些特别因素影响，你可以通过头脑风暴等方法找出这些因素，并按相互关联性整理而成为一种图，这种图层次分明、条理清楚，并能标出重要因素，这就是鱼骨图（见图5-6）。

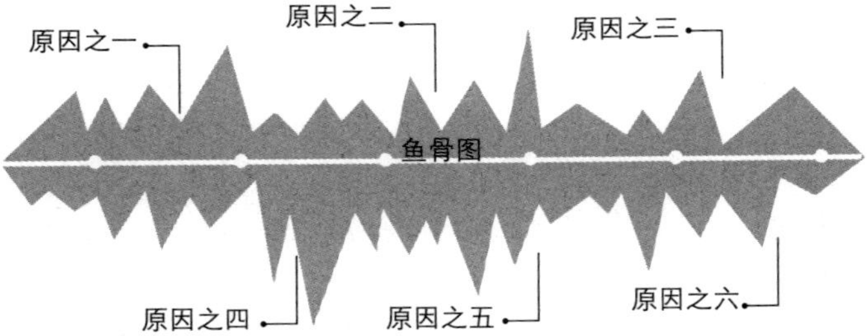

图 5-6　鱼骨图

在提问的结构设计上，你也可以用鱼骨结构，把问题的明细用这个导图画出来。

1. 鱼骨结构的制作步骤

在提问之前，你需要根据鱼骨结构来分析问题。制作鱼骨图分两个步骤：分析问题原因和绘制鱼骨图（见图5-7）。

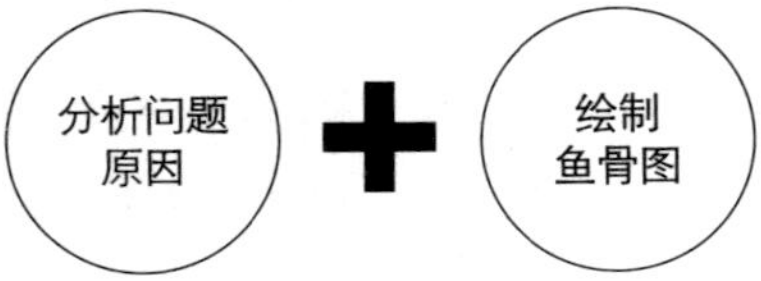

图 5-7　制作鱼骨图的步骤

（1）分析问题原因（结构）

①针对问题点，选择层别方法（如人、物、环境、法律等）。

②按头脑风暴分别对各层别类别找出所有可能原因或者因素。

③把找出的各要素进行归类、整理，明确其从属关系。

④分析选取重要因素。

⑤检查各要素的描述方法，确保明确简洁。

在这其中，你需要分析要点：

①当确定大原因（鱼骨中的大骨）时，现场作业一般从“人、物、环境、法律等”着手，管理类问题一般从“人、事、时、地、物”层别，应视具体情况决定。

②大原因必须用中性词描述（最好不说明好坏），中、小原因必须使用价值判断（如……不良）。

③应尽可能多而全地找出所有可能原因，而不仅限于自己能完全掌控或正在执行的内容。对人的原因，宜从客观行动而非主观思想分析。

④中、小原因应分析至可以直接想出对策。

⑤如果某种原因可同时归属于两种或两种以上因素，需以关联性最强者为准。

⑥选取重要原因时，不要超过7项，且应标识在最末端原因。

（2）鱼骨图绘图过程（见图5-8）

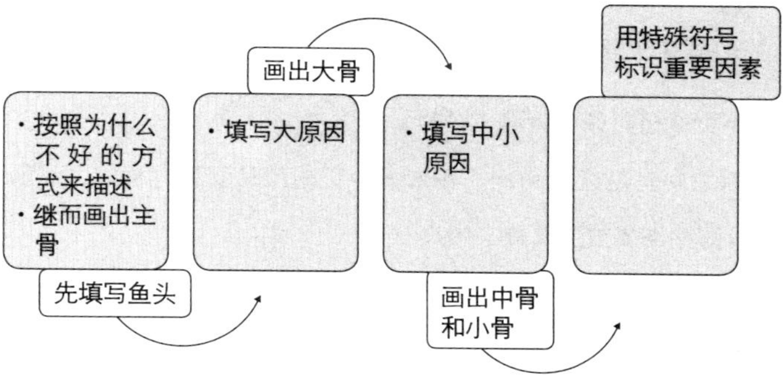

图 5-8　鱼骨图绘制过程

在这里有一个要点，在绘制鱼骨图时，应尽量保证大骨与主骨成60度夹角，中骨与主骨要持平行状态。

2. 使用鱼骨分析问题

（1）先来查找要解决的问题。

（2）把问题一一写在鱼骨的头上。

（3）召集同事共同讨论问题出现的可能原因，尽可能多地找出问题。

（4）把相同的问题分组，在鱼骨上标出。

（5）根据不同问题征求大家的意见，总结出正确的原因。

（6）拿出任何一个问题，分析为什么会产生这样的问题。

（7）针对问题的答案再问为什么？将这个环节至少深入五个层次，也就是需要连续问五个问题。

（8）当深入到第五个层次后，认为无法继续进行时，列出这些问题的原因，而后列出至少十个解决方法。

3. 多变的鱼骨提问结构

下面来进行一个问题的分析。

原始问题是这样的：“在未来半年的产品变现过程中，注册用户中有哪些需要被当作核心用户？”

决策对象：寻找核心用户。

约束条件：产品变现。

核心因素：用户付费能力和付费意愿。

数据决策：基于核心因素建立用户付费概率判别模型。

数源问题：怎样基于核心因素建立用户付费概率判别模型，判断注册用户未来半年内的付费概率，进而找出其中的核心用户。

有些问题涉及不止一次的鱼骨转换，所以鱼身可能会出现不止一段的情况。

5.6

让对方掉入你预设的框架中

在建筑行业中，有这样一种浇筑方法：在规定的范围内，预先用木材和钢筋框出一个框架，然后向这个框架中缓缓倒入混凝土，再用工具逐渐夯实后就完成了。为什么要这样做？好处就是可以让浇灌的混凝土被圈定在规定的范围内，不会溢出来。

其实这种现象在谈话中也是非常相似的。想要把握谈话的主动权，就要预设框架，让对方掉入你的框架之中。在提问中更是如此，所谓框架式提问，就是提问者预先设置好一个框架，然后再通过问话引导，一步步将对方引导入框架的范围内，使得对方最终完全接受你。

例如下面这个销售场景。

销售人员："请问一下，您是否同意节约成本是获得利润的主要因素？"

客户："当然同意，成本减少了，利润自然就上去了。"

销售人员："您是否认为合理的库存将会减少存货成本？"

客户："是的，也可以这么说。"

销售人员："您是否想过在库存这方面降低成本呢？"

客户："想过，只是目前还没有找到好的办法。"

销售人员："如果有一种关于库存管理的软件，能让贵公司的库存管理更加有效，您愿意尝试吗？"

客户："如果真有这样的软件，我愿意试一试。"

销售人员："我今天就带来了这样一款软件，您试用一下，看看效果怎么样？"

客户："好啊。"

在这个场景中，销售人员非常聪明，预先给客户设置好了一个框架——用这款软件提升库存管理效果，他的一切提问都将围绕这个框架而展开，最终的目的是推销出这款软件。

换个方式，如果销售人员上来就说"我有一款软件，可以对库存管理做出很大提升，帮助公司节约成本，您有兴趣吗？"这类的话，客户愿意接受的几率很小。即便客户知道库存管理到位能够节约成本，但客户也很难在第一印象上相信销售人员的这款软件能做到。因此，这种开门见山的提问很难成效。

上述销售人员的做法就很正确，先给客户提出一个问题，让客户在回答问题的过程中，自己主动产生对某一种结果的渴望。

你在给对方预先设置好框架后，需要采取的是迂回方式，将对方逐渐带入到这个框架中。如上述场景中销售人员就通过四个连续不断的问题达到了最后的目的。

框架式提问也不是一成不变的，任何方法都可以灵活应对，可以根据不同情景来采取不同的预设策略。

1. 借助外在的人或者事物设置提问框架

提问的框架可以是自己主观设置，也可以借助其他条件进行设置。例如，有一些销售人员就懂得借助竞争对手来为自己设置框架，并最终利用这个框架圈住了客户。

场景：

一个年轻人在一家店铺挑选耳机，但由于品种太多，价格不一，他一时难以下决断。店铺老板看穿了他的心思，对他说："我知道你很想买一个耳机，但是下不了决定吧？买贵的怕上当，买便宜的又怕质量不好。这样吧，这一层楼有很多数码店铺，你都去逛逛，货比三家嘛，对比一下，你觉得怎样？"

这位年轻人很尴尬地笑着说："好的，那我去看看，谢谢你。"

年轻人来到了其他店铺，产品琳琅满目，因为他是外行，所以他根本不识货。在其他店铺里老板都对他的犹豫不决非常没有耐心，最终这个年轻人还是回到了原来的那家店，并且买下了一款产品。

这位店铺的老板借助的就是其他店铺，也就是竞争对手，给自己设置了一个提问框架，在这个框架中，一共有三个内容（见图 5-9）。

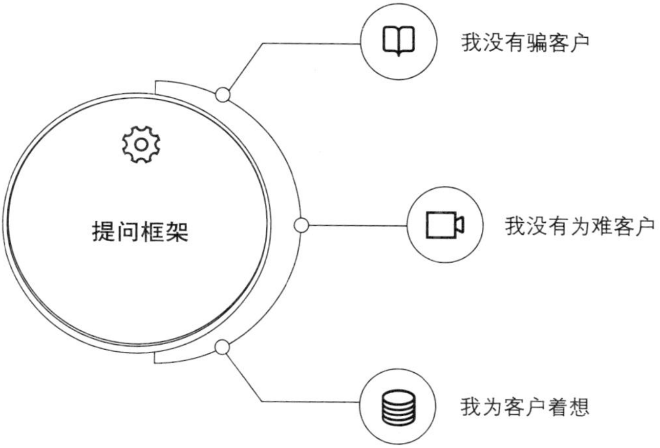

图 5-9　设置提问框架体现的三个内容

年轻人去了其他店之后得到了完全相反的待遇，如果还想买耳机肯定是要回来的。在使用这个框架策略时，需要注意两点（见图 5-10）。

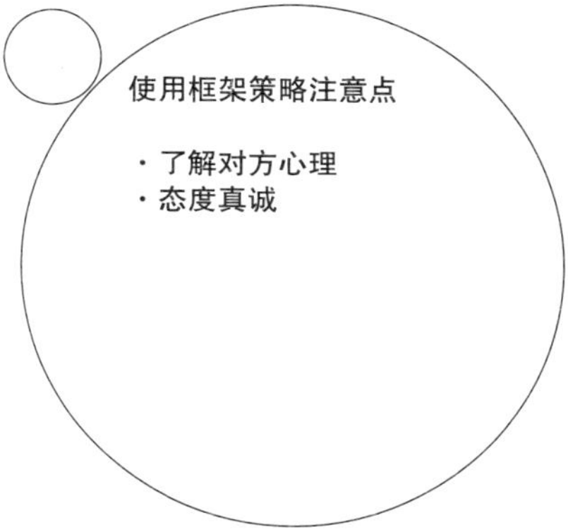

图 5-10　使用提问框架策略时注意的两点

（1）了解对方心理

提问者必须要清楚自己的主张，此外更要了解被提问者的心理以及被借助的外在的人或者事物的特点。如果自己的主张本身就是错误或者不可取的，那么这种方法也是没有成效的。

（2）态度真诚

在使用这种方法时，一定不能虚情假意，更不能含沙射影。要给被提问者带去一种真诚、诚恳的态度，这样他才会被你说服。

2. 借助负面事件设置自己的提问框架

很多意外事件或者负面事件可以拿来当提问的背景框架，以此来引导对方掉入你的提问“陷阱”。

例如下面这个场景：

一位设计人员把自己刚设计好的手稿交给上司，上司这样问他：“你有没有检查过？”

设计人员：“我做设计做了那么多年，从来没有失误，不需要检查。”

上司：“你知道一个月之前，×××公司剽窃案的事情吗？”

设计人员：“我知道，据说被对方控告，赔了十几万元。”

上司：“是啊，一个不注意，在版权上若是出现了问题，很可能让公司损失惨重。”

设计人员：“的确是这样。”

上司：“最近新的广告法案出台，上面有很多关于一些细节上的版权规定，如果不注意，很多以前认为没有版权的设计也会被当成侵权行为，如果因为这些细节让公司损失惨重，你觉得是不是得不偿失？”

设计人员：“我现在就回去根据最新规定好好检查一下手稿，明天上午再交给您吧。”

上司：“好的，不必着急，最重要的是严谨。”

设计人员一个劲儿地点头。

这位上司就利用了一次侵权的负面事件来设计了提问框架，让这个平日“骄傲”的员工“乖乖”地听从了。

从上述场景中，你可以总结出使用这个方法的技巧。

（1）意外事件或者负面事件都必须是真实发生过的。不要为了让对方完成你的安排而编造事实。

（2）无论是意外事件还是负面事件都必须是“新鲜”的。换句话说，给对方一种近在眼前的警示，如果你拿几年前的事件来提问，就显得过于牵强。

第 6 章

你的提问必须要有一个严谨的逻辑

他人的一个问题立刻会引起其他人的热议，甚至争先回答，而你的一个问题却冷冷清清，无人回应，原因可能是你的提问缺乏逻辑性。

6.1

从多米诺骨牌到提问的逻辑

美国纽约的一家新闻机构报道过一个现象：大公司HR在挑选新人时，最看中的职业素质就是逻辑能力。

为什么？因为大公司的部门多，层级多，协作多，沟通成本会很高，所以每个人都力争用最短的时间去了解情况，或者把工作沟通清楚，这就是逻辑能力，尤其是提问时，更需要高超的逻辑能力。

这不免让我们想到中学时期为什么语文老师总是告诉我们要学会总结中心思想，学习段落结构，因为我们需要成为一个懂逻辑的人，这样以后在社会上才会更有用。

在提问中，逻辑能力也非常重要。

1. 好的提问就如同多米诺骨牌

提问中的逻辑具有深度性和连接性。提问的逻辑性能为两件事情之间建立一个良好的因果关系。好的逻辑就像多米诺骨牌，看上去是一个个独立事件，但只要第一块倒下，其他的也随之倒下。

看下面三个案例（见图6-1）。

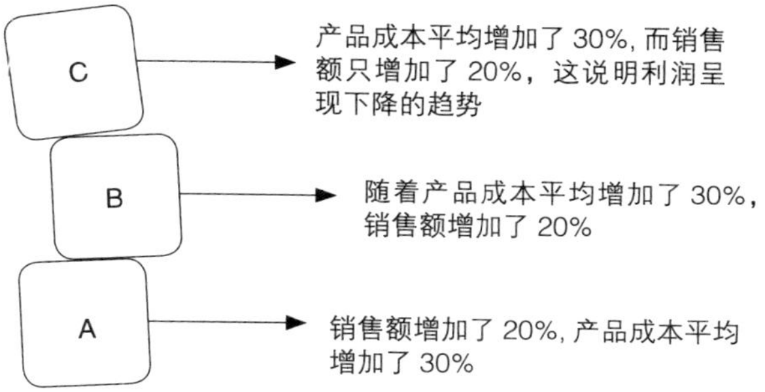

图 6-1　三个案例

实际上，这三句话的逻辑性一句比一句强。分析原因，A只是说了两件独立的事，B说出了两件事情的时间（前后）关系，而C则为两件事建立了新的因果关系。

就算C的结论是错误的，管理者也会觉得，这个员工或许只是缺乏经验，但是在汇报工作时勤思考，非常有总结性。因此，C的职场前途就会更好。

提问也是如此，如果你的问题没有逻辑性，只是单独地询问某一件事，在上司眼中，这样的提问就显得缺乏思考。

“万事皆有因，有因必有果”。只有在提问中找到原因和结果，你的上司才能了解事情的全部，你的下属也才能有效执行。

例如，某团队领导者发现了自己团队的业绩不如另一团队的业绩好，于是问下属：“我们这个月一共从总部领取了××万元的经费，比上个月多了5%。但是成交率却下降了10%，你们能给我一个满意的解释吗？”这样的问题就非常有逻辑性，因为管理者一步步地将问题的逻辑带出来了，可以顺藤摸瓜，成员必须要回答出原因，这就是逻辑的重要性。

如果管理者这样问：“为什么我们这个月的业绩这么差？”恐怕你的员工无法回答，因为他们也不知道从何处回答。

我们常常说某人的逻辑性强，就是说他建立的这个因果关系，对未来的行为有指导意义，用一块小的多米诺骨牌，最后推翻了一块大牌。

2. 遵循“苏格拉底式提问”的逻辑模式

想要在提问上有逻辑，必须要遵循“苏格拉底提问”（见图6–2）。

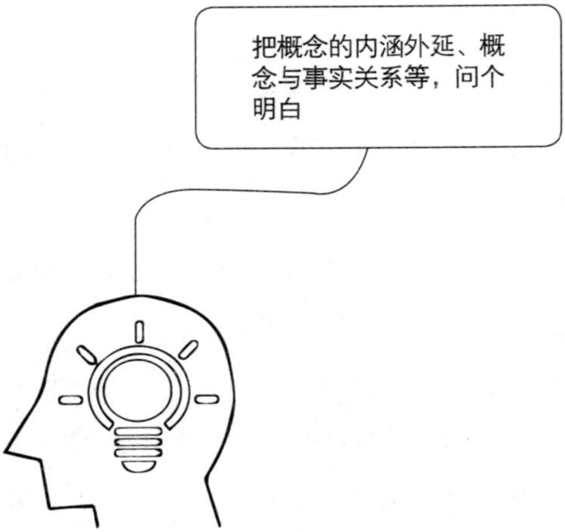

图 6–2　苏格拉底提问

下面是苏格拉底和一位老者的对话：

老者："不良的作息对身体危害极大！"

苏格拉底：你指的"不良的作息"具体是指什么？危害又是指什么？如何认定两者的关系？……

"苏格拉底式提问"主张在提问时，必须要有四个方向（见图6-3）。

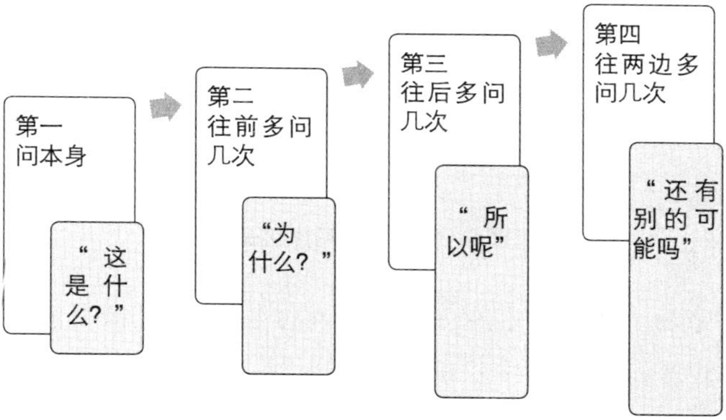

图 6-3 "苏格拉底提问"的四个方向

在管理中，管理者如果遇到问题时，不能一上来就问结果，例如，"为什么销售额会下降？""你们部门怎么搞的？""这个报表为什么还没有完成？"……这些提问有两个缺点：第一，范围很大，没有聚焦的点；第二，这些问题没有逻辑，根本就是管理者针对结果产生的一种愤怒。因此，这样的提问也很难真正解决管理问题。

例如，一个设计部门的作品迟迟不能上交，管理者应该这样有序地问（见图6-4）。

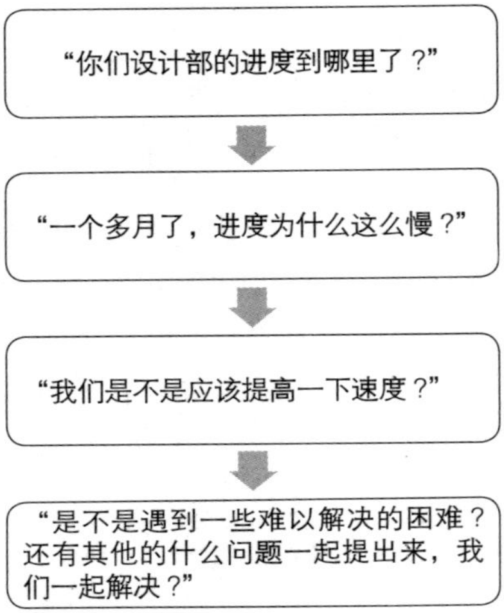

图 6-4　管理者有序的提问

这样的提问就比较有聚焦性，而且也能真正从源头上解决问题，提高工作效率。

3. 学习麦肯锡方法中的“日常锻炼逻辑思维的 7 个习惯”

逻辑是很日常化的东西，所有人都应该从生活常识本身培养自己的逻辑思维能力。提问也是如此，你需要从基础的逻辑方法训练开始，例如，麦肯锡方法中“日常锻炼逻辑思维的7个习惯”。

（1）提问之前，要把问题的前提考虑得更具体些。

（2）警惕那些大家一致的看法。

（3）提问之前要善于联想到其他事情。

（4）区分事实和想象。

（5）多问“苏格拉底式”的问题。

（6）小心并且尽可能避免那些抽象名词。

（7）让嘴永远动得比脑子慢一拍。

在提问之前要慢慢磨炼和学习这7个习惯。当你熟练掌握这7种方式之后，在提问时，你就会在潜意识里自然而然地形成一种逻辑模式，由此你的问题也就更加高明。

6.2

你为什么要问这个问题

在提问的逻辑圈中，有一个非常明显的问题，那就是“你为什么要问这个问题？”这是一个逻辑问题，同时也是大多数提问者应该掌握的一个逻辑方式。

例如，你是一名管理者，你的下属做了一件让你感到不满意的事情（或者工作没做好），这时候你需要对其进行提问。暂时先不要管你的问题是什么，先要搞清楚，你是为什么而提出你要问的问题。

这需要你仔细分析。例如你问：“你今天去拜访客户了吗？”

针对这个问题，你要仔细分析，你为什么要问这个问题。是因为你必须要知道你的员工的行踪？还是你想知道员工去拜访客户时都得到了什么结果？或者是你没有目的，只是单纯地想知道你的员工今天干了什么？

这些问题都是在你问出这个问题之前应该得到解决的，这是前提逻辑的思路。只有清楚这个思路，你才能明白你需要针对的是什么，这是一个清晰的思路，有助于你获得对方的重点答案。

为此，你需要做到两个方面。

1. 借由一个恰当的问题来引出你想要说的话

大多情况下，你在提问时并不是为了单纯地得到对方的答案，而是想要引出你所要准备说的话，管理者尤其要重视这一点。

例如，有这样一个场景：

一家书店的老板准备开会，他很早就把想说的话做好了笔记，他的目的是想要增加一个中小学辅导书的服务，但是目前书店的主要方向是文学和艺术。几个店员和两家分店的店长也似乎没有准备好拓展业务线。

如果这时候老板突然地表达自己要增加一个中小学生辅导线，恐怕很难说服大家，就算说服大家也可能会给大家带来突兀感。于是在会议上，这位老板问：

“大家还记得去年我们去参加图书交流会的时候吗？”（针对这个问题，大家的回答都是肯定的。）

“当时，有几家图书公司建议我们可以往学生辅导方面拓展，大家还记得吧？”（这个问题可能大家并不清楚，但是对此也不会有否定的意见。）

“A店离××中学最近，你应该很清楚现在学生的购书热潮，是不是？可不可以跟我们讲一下？”（此时A分店店长不会否认这个既定事实，只能针对事实来阐述。）

注意，这两个连带的问题就是这位老板“处心积虑”所要抛出的引子问题。他的目的不在于这个问题的答案，而在于用这两个连贯问题来引出下面他要拓展中学生辅导图书线的内容。因此，这样的问题就非常具有意义，也对接下来的会议有很好的引导作用。

这就是典型的借由一个问题引出要说的话的方式，这也是为什么提出一个问题的逻辑思路。当你清楚了这其中的功能之后，就会明白为什么提问题的重要性，也会在接下来的提问中更加重视这一逻辑作用。

2. 提问前要思考、酝酿、准备

管理者在提问前，必须要进行三个步骤（见图6–5）。

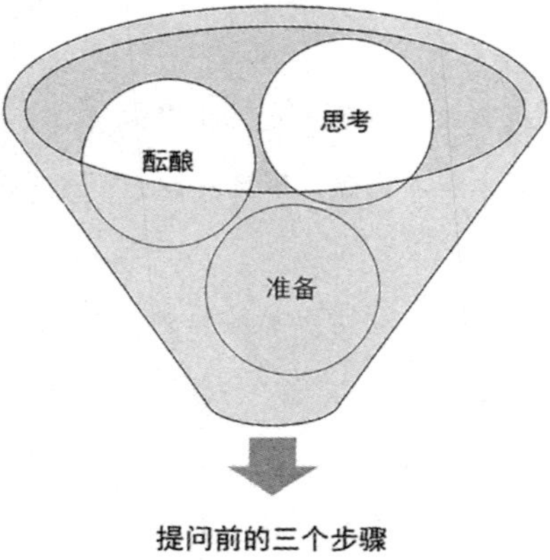

图 6–5　提问前的三个步骤

（1）管理者有身份，不能随随便便提问。你的提问必须要围绕一个确切的事情，不能对员工随便提出问题。既然要提问就要以公司利益为前提展开，因此，你的问题一定要在思考充分的基础上进行。

（2）针对问题的重心提问。管理者虽然没有在一线工作，但是却要对一线乃至更细节的问题全面把握，只有这样你才能有一个大的方向，带领团队走向更好的发展道路。因此，你的问题必须要有重心，可以说服员工，问到点上，让员工信服。

（3）管理者需要准备好应对回答者。管理者虽然是领导，但是在提问过程中，一旦你的问题问不好，很可能对方会反驳你，甚至反问你。这时候你该怎么回答呢？因此，这些问题管理者都应该想到，并且做好周全的打算。

管理者在提问前应该如何进行这三个步骤呢？（见图6-6）。

图 6-6　管理者在提问前应该进行的三个步骤

（1）思考问题的严谨性

严谨性与逻辑密切相关，如果你的问题不够严谨，很可能连自己都说服不了，所以严谨性很重要。例如，问题是不是具有针对性，问题是不是有因果关系，问题是不是问对人，等等。

（2）酝酿问题该如何提出来

你在提出问题之前需要思考该问题的提出方法，是顺其自然地提出来呢？还是借由某件事提出来？提问的语气如何？提问的地点时间等都选对了吗？提问的措辞需要用什么？这些都是管理者应该具备的。

（3）提问时要有所准备

通常做足了上述两点之后，提问就已经变得很有准备了，但是我们还应该特别注重提问者自己的一些问题，例如自己的语气、提问时的状态等，这些都是需要提前准备好的。

6.3

你期望得到的答案是什么

在提问过程中，你需要特别注意一个逻辑，那就是你希望得到什么样的答案，即你的期许。你提出的问题需要遵循一个有答案的逻辑，并且要提前预料到你的期许。

来看一看下面几个场景：

场景1：

在一次例会上，老板问大家还有没有问题，一位经理思考了一遍后发现没有什么问题。但是旁边一起开会的同事却连续跟老板提出了几个细节问题，而且这些问题都是他想要知道的。

场景2：

公司派一位主管外出培训，培训结束后，讲师问大家有没有问题，这位主管看了一眼自己的笔记，发现记录详细，觉得没有问题。但是旁边的同学却提出了很多问题，可怕的是这些问题在自己的笔记上根本找不到答案。

场景3:

在一次和老板的谈话中，某经理本来有很多问题想要问老板，但是好不容易鼓起勇气时，却发现脑袋一片空白，丝毫没有头绪，于是干脆就不再问了。

以上的这些场景，相信一定有很多人遇到过。当你面对这些复杂的问题时，正是因为你内心没有“安全感”，没有一个期许的答案。你想得到什么样的答案？对于这个问题，你并没有思考清楚，也没有认真地去思虑过。

下面是几个简单的方法。

1. 给对方一个选择，让他“二选一”

先来看一个生活场景：

有位顾客去某商场买衣服，试穿了五六件衣服都感觉不错，但是一时拿不准到底买哪一件。客户脸上布满焦虑，只好询问导购员哪件最好。

导购员的回答一看就是不假思索，她的回答都围绕着“哪件都很好”和“都很好看”来展开。很快，顾客恼怒了，说：“哪件都好，是不是想让我都买下来。你们这些导购员真是贪得无厌！”说完转身就走了。

这位顾客遭遇的情况很常见，实际上顾客大都有“选择困难症”，有选择困难症的人，在必须要做出选择时，总会犹豫不决，尤其是在购物消费时，选择困难症就会爆发得更加厉害。

那么，同样的情况，如果是聪明的导购员，在顾客面临选择困难时，会主动帮助顾客减少选项，将原本的多项，减少为二选一，如此一来对方只需要做出“不是这个，就是那个”的选择，事情就变得简单多了。来看一看下面这个导购员的做法。

导购：“您喜欢素一点的颜色还是艳丽的颜色？”

顾客：“素雅的吧。”

导购：“您喜欢白色的，还是黑色？”

顾客：“白色的更好一些。”

导购：“那这两件最适合您了，都是白颜色，一件是长款，另一件是短款，您更喜欢哪个款呢？”

顾客：“还是短款的好一些”

至此，这件客单就圆满完成了。原本看起来选项好多，却被导购员化整为零地连续运用二选一提问方式给化解了。采用二选一提问法，就等于导购员在每一个问题上都限定了答案，顾客只有两种选择。这样，随着一个又一个问题的提出，顾客做了一个又一个的回答，最后选定。

导购员的做法就是让自己的提问有所预期，能够知道对方有可能做出的回答，面对这些可能做出另一个巧妙的提问。

二选一提问法就是对对方思维的一种限制，让对方在我们给出的范围内做选择，从而达成沟通。如此一来，对方的回答就会掉入你的“坑”中。

2. 在你的提问上体现出“时间限制”

大部分企业管理者在提问中都不注重时间限制，总是会这样问下属：“小张，你什么时候有时间我们谈一下？”或者“我哪天去找你谈谈这个项目？”

这样的提问看起来很有礼貌，而且也很开放，但是你却将决定权交给了对方，你心里就失去了一个预期。同时也将拒绝的权利一并交给了对方。对方如果回答“我最近没有时间”或是“我这个项目还在忙碌之中，暂时抽不出时间。”那你该如何应对？难道一个管理者还要死缠烂打吗？

但是，如果改变一下问话的方式，变为“明天早上或者下午我们在会议室集合，一起谈论一下这个项目？”

这样的效果就好很多，在很大程度上缩小了对方的选择范围，使提问更加有效。通常对方会很自然地顺着你的问题去想他是明天上午方便还是下午比较方便。

总之，二选一提问法可以减少对方做出否定决定的可能，从而增加沟通的机会，而且还能让你的问题答案在你的预期之内。所以，真正有经验的管理者会经常使用这种提问的逻辑方式。

6.4

提问前搞清对方最担心什么

根据场景来分析。

场景1：

员工：“老板，有没有这个客户的更多资料？”

老板：“客户的资料不是都给你了吗？有什么疑问吗？”

员工：“我的意思是还有没有更多的资料，这个客户有点难搞。”

老板：“放心吧，不会有什么难搞的，有什么不明白可以大家一起商量。还有什么问题吗？”

员工：“没有了。”

场景2：

员工：“老板，有没有这个客户的更多资料？”

老板：“给你的客户资料都看过了吗？”

员工：“都看了。”

老板：“是不是资料不足？客户难搞？有什么疑问可以详细说一下？”

员工：“是这样的，资料上说客户……但是据我们的经验来看……”

老板：“这样吧，把大家一起叫过来，我们针对这个客户资料讨论一下？”

员工：“好的。”

同样的问题，在场景1中员工非常失望地走了，并且问题也没有得到解决。但是在场景2中员工和老板的沟通就非常融洽，并且最终一起讨论问题，解决问题。为什么同样的问题会出现不同的结果？原因就在于，场景2的管理者在提问时，抓住了一个逻辑——提问前搞清楚了对方担心什么。从而在提问时运用了暗示的方法，在给员工解释并且询问之前，先问了员工一些可能会发生的问题。然后针对这些问题展开进一步的暗示，即开会讨论，最终能将问题快速集中并解决。

1. 利用反问式提问，揪出对方的疑惑

在教学中，当学生不能正确回答出老师的问题时，优秀的老师并不会急于去纠正学生的错误，而是会针对学生们的错误提出反问，让学生们继续思考，自己发现错误，并且得出新的、正确的结论。

反问式提问不仅在教学中得到有效运用，在职场沟通中，也发挥着独特的作用。尤其在工作中对一件事产生质疑时，管理者的一句反问会迫使对方思考。若是不进行反问，员工不仅不会思考，

还会坚持质疑，这会直接导致与员工的矛盾升级，让沟通无法进行下去。

那么，管理者应该采用怎样的反问才最有效呢？

场景：

一位新员工刚到一家公司上班，这家公司的主管非常年轻，这位员工自认为有些资历，于是对年轻主管不服气，还总是会发反驳主管。有一次开会时，主管让他负责售后服务的工作。这位新员工有些情绪化，不愿意接受这样的安排，说："我不愿意去售后服务部门工作。"

主管问："你为什么不愿意去售后服务部？"

员工："售后服务部的工作太简单，随便找其他人都可以。"

主管问："你凭什么说售后服务部的工作简单？"

员工有些不知所措，不知道该如何回答。于是支支吾吾地说："我以前是在销售部，售后服务部太……"

主管："想要在销售部工作，都必须要先搞定售后服务部，这是我们的原则。不懂得服务客户，你怎么搞定客户？"

在沟通中有这样一句真理，叫"不怕正说，就怕反问"。很多时候如果以陈述句的形式摆事实讲道理，往往会引起进一步的争议。但若是以反问的形式回答，不但不会引起新的争议，还会引导对方回答他自己的问题。可见，反问问得好，可以变被动为主动，得到出其不意的效果。

2. 将对方的疑问综合起来，就能找到对方的需求

在销售中，销售人员与客户既是潜在的合作关系，也是较量关系。客户对销售人员的建议或推荐给出质疑，是非常常见的情况。那么，客户表达出疑问之后，销售人员应该怎么做？

先记住一句话：客户永远都有问题。

就算是全世界最伟大的推销员乔·吉拉德，也会面对有一大堆问题的客户。事实上，管理者应该从销售中明白一件事：每一个疑问，都代表客户的一个关注点。

同理，每个疑问也都代表着员工的关注点，因此管理者只有将对方的疑问综合起来，才能找出对方的需求，这些需求就是突破对方戒备心理的必要条件。因此，如果员工是因为不了解而产生异议，管理者就要让员工了解；如果员工是因为不满意或不信任产生异议，管理者则要对此提出问题，问出员工的具体意见是什么？以及如何可以更好？等等。

此外，我们还要记住一句话：任何人都很难拒绝正确的建议。因此，我们在提出问题时也可以给对方一个正确的建议，这样对方就不好拒绝了，那么沟通效果也就会更好。

很多时候，管理者需要不断地询问，针对问题或者现象询问，综合提问，将员工的异议问出来，并且抓住这些异议点来进行建议，给出正确的看法。这样才可能会被员工更好地接受。当员工没有了异议，你们的关系才会更加融洽。

6.5

询问对方的现状，激发内在需求

一个提问的逻辑严谨性还应该表现在你的细心上，特别是管理工作中，管理者在知道了自己为什么要问问题，并且搞清楚了对方最担心的是什么时，接下来就要进行耐人寻味地提问。这种提问的主要内容要集中在对方的现状之中，通过提问来搞清楚对方的现状，从而激发对方的内在需求。

例如，“小李，最近你的工作进度有些慢，是不是哪里出现了问题？”

这一句提问不但对工作有帮助，更对小李的内在需求有很大帮助，可以激发他讲出自己的想法和需求。当管理者知道了对方的想法需求之后，就能更深度地了解员工以及员工的工作，这对管理工作是有极大帮助的。

1. 用提问来创造机会，挖掘对方的需求

在销售的提问中，很多客户经常把“不需要”挂在嘴上，其实高明的销售员可以把“不需要”转化为“需要”。而方法就是用提问来创造需求。销售员知道客户是不会轻易就袒露真需求的，或者在不能确定是不是需要购买某商品时，所以才会用“不需要”作为挡箭牌。那么，销售人员都如何对待客户的“不需要”呢？最重要的一点就是不妥协，不能仅仅因为这三个字就放弃销售了。

例如，你是一位健身推销员，当客户对你说“不需要”时，你应该怎么做？是继续向客户讲解健身的好处？还是劝说客户要保持运动？

这两种方式都不正确，前者会导致客户尽快远离，后者会引起客户的反感。正确的做法是询问客户的身体状况，例如，“您现在身体感觉怎样？有哪里感觉不太舒服？”或者“您的睡眠如何？”或者“您对家人的身体健康感到担忧吗？”即使客户知道你这是在绕弯子，目的还在销售健身项目，但起码不会那么厌烦，这就有谈下去的机会。

在管理工作中也是如此，如果对方在工作上有困难但又不愿意说出来时，管理者需要通过询问来创造机会，把对方的需求挖掘出来。

2. 用提问来煽动需求

通过提问让对方意识到自己某方面的需求以后，还需要通过提问进一步发掘对方的潜在隐忧，并为之提供解决方案。

这种状况在美容店经常遇到。一位美容顾问在听到客户说自己的皮肤干燥时，往往会顺着客户的这个契机来继续询问，例如，“您的皮肤看起来是有些干燥，感觉到干燥有多久了呢？”“最近有没有用一些不适应的化妆品？”等，这种不断地询问，可以加深客户在需求上的焦虑感，引发客户解决需求的迫切感，然后就是让客户同意你提出的建议的时候了。

上述案例中，美容顾问的一些提问让客户逐渐地意识到皮肤干燥的重要性。相信听完美容顾问的一番话后，客户一定会考虑来这家美容店解决自己皮肤干燥的问题了。

在管理工作中，管理者可以和员工适当聚餐吃饭，然后在相对轻松的环境下进行谈心聊天。在聊天时，可以循序渐进地提问，从工作环境、工作顺心程度、家庭和睦、同事关系等慢慢聊起，通过这些现状来煽动对方的心理情绪，然后说出内心的想法和需求。

3. 渐进式提问问出需求

很多管理者认为，员工如果有什么需求就会提出来，不提就是没有需求。实际上不是的，很多员工的需求不容易显露，可能员工不愿意说，但大多数时候是没有一个恰当的契机说出来。因此，管理者要通过渐进式提问来问出员工的需求。

要挖掘员工的需求，是不是很难的一件事呢？答案是否定的。来看下面这个案例。

场景1：

管理者：“还在加班吗？今天工作如何？”

员工：“还好。”

管理者：“有什么问题就要提出来啊。”

员工：“好的。”

场景2：

管理者："今天下班这么晚啊？是要加班吗？"

员工："是啊，手上有一个方案需要再审核一下。"

管理者："那也要注意休息，身体最重要。平常的工作时间是不是不够用啊？如果时间不够用，我们可以安排其他人手帮忙？"

员工："谢谢经理。时间是可以的，只是我自己在这方面不如其他员工，我想加加班把进度赶上去。"

管理者："是这样啊，那你有什么问题也可以问我。如果我解决不了的，我们再一起讨论，好不好？"

员工："好啊，谢谢经理。那您现在有时间吗？我这里有一个疑问……"

在场景2中，管理者通过两次渐进提问，将员工的潜在需求调动出来。在场景1中，管理者并没有真正静下来心来从逻辑上去询问员工，只是就事说事，说完就完。因此，这样的提问什么问题也解决不了，什么需求也发觉不了。

而在场景2中，管理者会仔细观察并且循序渐进地提问现状，一步步地打动了员工的内心，将内心的需求说了出来，最终实现了成功的沟通。

6.6

抛出解决方案，带出你的主题

当你挖掘到了对方的内在需求之后，接下来就是提问沟通的一个结点：抛出解决方案，引出你的主题。

例如，管理者可以这样说：“既然这样，那我们可以把会议改在每周五的下午，大家看如何？”

这个提问正是建立在前提铺垫丰满的基础上，用逻辑的方式带出了自己的主张。这不但彰显出管理者的主见和想法，还能体现出管理者的领导水平和威严，让下属更加信服。

1. 充分为员工着想的提问才能更深得人心

曾经有多位报刊记者询问美国金融巨头摩根：“您成功的秘诀是什么？”摩根的回答永远是一句话：“为他人着想，为对手着想。”

摩根的答案非常出乎人们意料，这似乎和人们常规的思维相反。人都是尽力先为自己着想，先把自己想要得到的都纳入到规划之中，然后才有心情去考虑他人有何种需要。

事实上，替他人着想，不是不顾自己的利益，而是要有共赢意识。特别是在管理工作中，你的提问不能带着个人情绪，而是应该以员工的工作和公司整体利益为首，只有这样才能把问题问得客观，才能抛出客观且准确的方案。

例如，下面一个场景：

一家公司的经理针对一个大型的项目招开了一次会议。参与会议的主要有销售部、客服部和行政部的相关主管。

在会上，大家各抒已见，把自己部门的问题和建议都说了出来。最后经理根据这些意见和想法进行了一个总结性的提问：

“我刚才总结了一下大家提出来的想法和建议，销售部的建议是……客服部的建议是……行政部的建议是……在这些建议中，销售部和客服部的建议基本一致，行政部由于工作性质不同问题有些复杂，所以我建议，销售部和客服部先按照统一的执行标准来执行这个项目，行政部可以单独设立一个标准，大家觉得怎么样？”

这个提问不但有总结性，而且还抛出了实质的解决方案，这也代表着经理个人的主见，同时不偏不倚，完全是在各部门的利益基础上得出的结论。这样的沟通很好地解决了各部门之间合作的问题，让整体工作效率更加高效。

2. 从对方需求的基本动机入手，找出对方的关注点

我们都知道马斯洛需求理论，马斯洛把需求分成以下几个（见图6–7）。

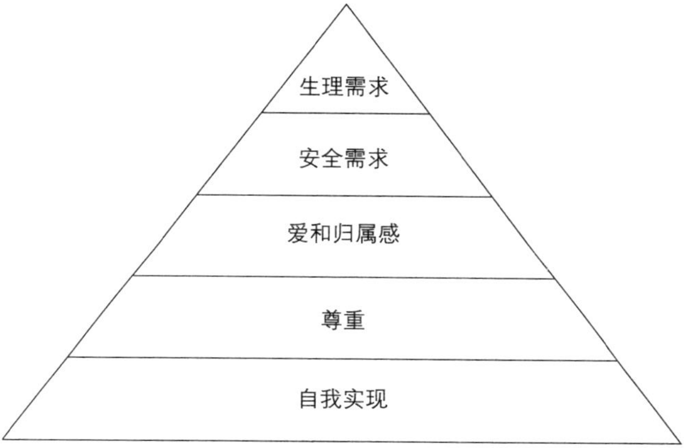

图 6-7　马斯洛需求

在管理工作中也应该按照马斯洛需求理论来进行沟通。其中最基础的为基本动机需求，也就是解决问题最为基本的、最为原始的需求。例如，一位员工必须在一个月之内拿出满意的设计方案。这就是最基本的一个需求。

但是管理者不能只是询问一个时间问题，还要明确对方在这个过程中要面临的琐碎问题和困难等。

只有一步步了解员工所处的环境和面临的问题，才能为员工送上最好的解决方案。这也是管理者与员工建立信任沟通很重要的一步。

3. 主张一定要有专业性

很多管理者在提问时往往很随便，针对一个问题反反复复地提，但始终无法给出准确的答案。出现这种情况，通常是因为管理者自己也没有一个专业的鉴定和判断，更无法拿出一个专业的提问和主张。

管理人员如果具有丰富的专业知识，更容易在员工面前树立专业人士的形象。正如销售专家安妮·马尔卡希说的："这是一个专家的年代。"然而，专家也是由普通人一点一点修炼而来的，他们不断积累专业知识，去粗取精，及时更新，终获成功。

管理人员要为自己设立一套专家养成的模式，首先是积累丰富的专业知识，其次是让这些知识发挥作用。具体的运用方式就是提问，将掌握的知识通过提问传达给员工或下属，让员工感觉出你是非常强大的。

例如，一位管理者在和员工沟通完一件事之后，这样问："我一会儿可以给你发一份关于这个产品性能数据的简短介绍吗？这将对你接下来的产品分析有很大帮助。"这样的提问既展现了专业性，又表达了对员工的关心，还带出了自己的主张，不得不让人钦佩。

例如，一位管理者这样说："这套产品模型来自于德国，很多大型公司都在使用，大家认为怎么样？适不适合我们公司的研发？有没有不足的地方？"这种从专业角度提问的方式，不但有说服力，而且还非常有信服力。

第 7 章

没有技巧的提问，一切都是白费

提问大有学问，蕴含的技巧也很多，有些是固定的，有些是灵活多变的，需要根据所在场景来巧妙变通，可以暗示提问，也可以开门见山，可以正话反说，也可以步步紧逼。

7.1

搞懂提问“三段论”，你就是“神探福尔摩斯”

不管是在绩效沟通中，还是在工作沟通中，提问都是管理者的必备技能。有些管理者提出来的问题，能立即得到对方的积极回答或热议；而有些管理者提出来的问题，就没人参与或者冷场，乃至于不欢而散。前者的热议当然让人开心，而后者就让人烦恼。再者，即使具备了提问的技能，稍有不慎，也会前功尽弃。

是什么原因导致这样的局面呢？原因有很多。有些管理者没有提问的基本能力，他们察言观色欠缺、语言组织混乱、表达力较差、不清楚究竟想问什么；有的管理者没有掌握提问的逻辑；有些管理者没有找到合适的提问方式；有些管理者没有技巧等。所以，管理者都应该掌握的提问技巧就是三段论，运用好三段论，可以让你的提问充满魅力，规避上述所有问题。

1. 解析三段论

三段论推理是演绎推理中的一种简单推理判断。主要包括以下三个部分（见图7–1）。

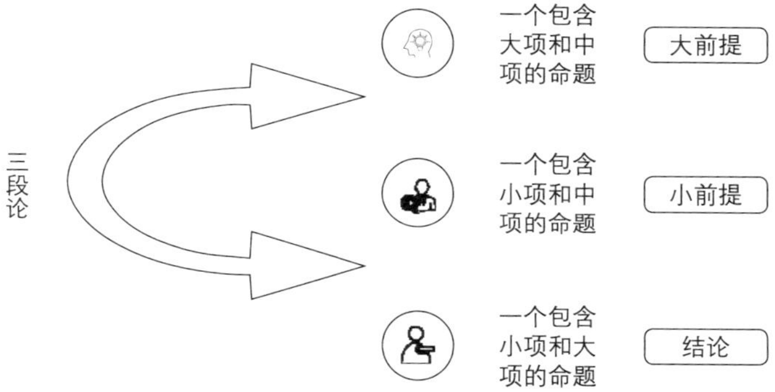

图 7–1　三段论

简单地说，三段论实际上是以一个一般性的原则（大前提）以及一个附属于一般性的原则的特殊化陈述（小前提），由此引申出一个符合一般性原则的特殊化陈述（结论）的过程。例如，下面这段对话。

A：“所有人都会死，这句话对不对？”

B：“对。”

A：“那您是人，对不对？”

B：“对。”

A：“您也会死，对不对？”

B：“……”

这就是三段论：由两个前提和一个结论组成的推理过程。“所有人都会死”是大前提，表示的是一般原理；“您也是人”是小前提，指的是个别对象。由此得到结论：您也会死。所以，三段论就是以一般原理为提问依据，提问个别事物的提问法。大前提非常重要，没有大前提就没有办法提问，更没有办法进行推理。

三段论通常被运用在解析数学题目、警察破案、科学研究中，用这个理论来得出一些正确的结论。

2. 三段论运用在管理提问中

明确了三段论的概念方式和特点之后，接下来我们就要运用这个推理去提问，让对方跟随你的脚步往前走。

例如，下面这个案例：

第一次世界大战期间，德军向法军猛烈进攻，法军为了避开德军的锐气，积蓄力量，悄无声息地躲藏起来。这时德军失去了攻击目标。德军指挥官下令侦察敌情。

有一天，一名德国军官在望远镜中发现了一件事，在前方阵地下慢慢爬出来一只名贵的波斯猫。于是德军军官根据波斯猫的出入地判断出前方阵地必有法军指挥所。

一开始下属并不认可他的判断。接下来，这名军官的推理过程证明了这一点：

军官：“只有法国的高级军官才有名贵的波斯猫，不是吗？”

士兵：“是的，普通人养不起波斯猫。”

军官：“凡是有名贵波斯猫的地方就有法军高级指挥官。前方阵地有名贵的波斯猫，所以前方阵地有法军高级军官。”

士兵：“是的。”

军官："凡是有法军高级军官就会有法军高级指挥所，前方阵地有法军高级指挥官，

所以，前方阵地有法军高级指挥所，是不是？"

士兵："是！"

德军军官用三段论来推理出了法军高级军官和阵营所在地，给下属带去了准确肯定的信息。

在管理工作中，管理者也可以用三段论来向员工提出问题，让员工心服口服。一个问题一旦用正确的三段论提出，回答者就无法说出"不"，因为说"不"就意味着是错误的。所以，在必要的时候，管理者可以用三段论来打消员工的疑问。

7.2

借助其他事例提问，用事实“问”住他

在提问的技巧中，有时候加入一个巧妙的事例，比多说很多的“废话”有效得多。

例如，下面这个案例：

一位员工在工作上出现了一些失误，导致客户非常不满意，甚至打电话投诉该公司。

管理者找到这位员工，问：“不要跟我说你是因为什么原因忘记赴约，你的行为让客户不高兴了，这件事是不可否认的，对不对？”

员工无言以对，只好点头承认。

管理者说：“如果这件事让媒体知道了，损失的不仅仅是你的名誉，更是公司的名誉，甚至会导致我们的产品销售额下降，口碑差评，负面影响会扑面而来。你了解后果吗？”

员工无法辩驳，更无言以对，相信以后再也不会找借口了。

这个提问之所以有效果，就是因为管理者抛出了其他的事例，从让客户投诉的事情说到了公司日后的负面影响。换句话说，用一些较为夸张但是却仍旧可以发展为事实的事例来“吓”住对方，让对方无法辩驳。

1. 其他事例要与被问者有关联

在使用这种方法提问时，管理者必须要清楚一点，对于这个引用的“其他事例”一定要与被问者是有关联的，否则就算你列举的事例再严重也很难对被问者造成影响。

这需要管理者做到以下两点。

（1）善于联想，将对方的事情联想到更广的面

例如上述案例中，员工因为惹恼了一个客户，引发客户投诉。这时候管理者在提问时，需要将这件事情扩大，联想到更远的深度，好让员工深刻意识到自己的错误。因此，管理者必须要懂得处处联想，更要学会举一反三。

（2）使用反问，让对方无法回避

当联想准备做好之后，接下来就是要学会使用反问，因为反问可以让对方无法回避，同时，好的反问也可以将整个话题的风向掌握在自己手中。

例如，下面这个案例：

一个员工的设计方案得到了客户的返稿，客户非常不喜欢这次的方案，向公司提出要更换设计师。但是这个员工却不服，找到管理者理论。

员工：“我辛辛苦苦用了两个多月的时间设计了这个方案，客户说换就换，我有意见。”

管理者："我知道你的心情，我可以理解。但是客户是上帝，客户要求更换设计师，我们只能更换。"

员工："可是，我付出了那么多……"

管理者："你现在是不同意公司的决定吗？"

员工："不，不是这个意思，我只是觉得我的设计白费了。"

管理者："这家客户公司的上一个方案也是你负责的吧？"

员工："是的。"

管理者："上次的方案虽然没有被返稿，但是客户当时也有些不满，后来我们团队一起修改之后才通过的。你还记得吗？"

员工："记得。"

管理者："既然如此，公司的安排你听还是不听？"

员工："好吧。"

在这个案例中，员工一开始不想放弃这个设计方案和机会，于是据理力争。但是管理者运用了这位员工之前的一次设计方案这个事例向他表明了态度，最后在这个提问下，员工只能心服口服地接受公司的决定。

2. 其他事例要有影响力

不一定所有引用的事例都与被问者有关，很多时候管理者在提问时，也可以借助一些其他的事例来提问。但是这件事一定要充满影响力，能够给对方带去一定的震慑，让对方心服口服。

例如，"这件事你不要再做了，我让×××做，他一直很擅长负责这类项目，客户都对他很满意。你去做其他的项目吧。有什么疑问吗？"

再或者，“你还记得去年的那个项目吗？对方负责人给我们来电话说时隔一年出现了许多难题，现在要求我们派人去维修，你是那个项目的负责人，你对此是怎么看的？”

这种提问不但让对方无法逃避，而且引用的其他事例非常有影响力和说服力，可以说服对方，还能让提问者掌握谈话方向和主流。

7.3

有对比的提问才能彰显力度

在进行这个提问技巧的解析之前，我们先来看一个案例：

一位草坪修剪师试图说服一位家庭主妇。这位主妇一开始没有想要花钱修理草坪，于是她说："我需要和我丈夫商量一下。"

草坪修剪师说："夫人，您每星期去商场采购需要花多少钱？"

"大概250美元吧。"家庭主妇回答说。

草坪修剪师又问："那您是不是每次去超市都要和您丈夫商量呢？"

"当然不会。"家庭主妇说道。

草坪修剪师说："您每年花在采购生活用品上面就要花费1.3万美元，这可是一笔不小的费用。这样大的开销，您并没有征求您丈夫的意见，何况我们现在谈的仅仅是一个1000美元的决定，所以我相信您应该可以自己决定的，对不对？"

家庭主妇还没有来得及接话，修剪师又趁热打铁地问："我星期四来替您家修剪草坪，您看上午合适还是下午合适？"

"那就下午吧！"家庭主妇自然而然地回答道。

在这个案例中，这位草坪修剪师就运用了“对比”的提问技巧，轻易地说服了有抗拒心态的家庭主妇。

在这个案例中其实有两个对比，一个是超市购物的开销和修剪草坪的开销；另一个是家庭主妇超市购物的开销并没有与丈夫商量，那么修剪草坪的小开销也应该由她来做主。两个鲜明的对比提问，让家庭主妇自然而然地认可了修剪师的想法。

另外，利用对比效应来进行介绍，还可以帮助对方认清各种产品的利与弊，从而有利于对方作出理性的选择和判断。

在管理工作中，如果提问时，管理者可以使用对比来衬托，就更能彰显出你提问的力量，这会大大提高沟通效率。

1. 巧用“厉害角色”来提问

在提问中，管理者有时候为了让沟通达成一个好的结果，需要借助对比的方式来提问，用这种对比给被问者带去一种警惕。

例如，下面这个场景：

一个团队成员有6个人，共同负责一个设计项目，每人负责的板块都是相同的，时间也相同。但是到了交稿时间，其中有两个成员进度缓慢，迟迟没有交稿。部门经理找到两人，然后问：“工作没有完成，能说一说原因吗？”

A成员没有发言，自认没有借口。

B成员说：“时间太紧了，我们根本来不及拿出好的方案。”

经理说：“时间紧？除了你们两个，其他的四个人为什么能完成工作？你们和他们负责的工作是一样的，分给你们的时间也是一样多的，为什么其他人能完成，你们却完不成？团队里的C曾经一个人负责一个整体设计方案，只用了比你们多一个星期的时间就完成了，你们为什么不想想他是不是有时间？”

B：“这……”

经理说：“如果真的有什么困难就说出来，我们一起解决。如果只是找借口来敷衍，最终受损失的还是你们。我希望你们两个回去好好检讨一下自己的工作，然后写一份问题报告交给我。”

在这个场景中，这位部门经理在提问时，运用了团队里其他更厉害的成员来进行对比，让这两个没有完成工作的员工无言以对。

当沟通中出现一些难以解决的问题时，不妨借助其他“厉害人物”的事情来进行对比，用这种鲜明的方式来映射对方，让对方对你赞同。

2. 通过分析两件事的差别来提问

有对比就有分析。因此，在提问过程中，我们还可以通过分析两件事的差别来进行提问。

例如，下面这个案例：

一位保险推销员拜访一位客户，这位客户并没有想要投保，于是刁难这位保险员：“假如我将相同金额的两笔钱分别存在银行和保险公司，你认为哪种方式划算一点？”

保险员说：“如果以10年来说，存在银行当然会比较划算。”

客户没想到保险员会说存放在银行比较好，于是产生了兴趣，说：“你的答案和别的保险员不一样，一般保险推销员都会说投保比较划算。”

保险员说：“我从不会为了卖保险而违背自己的原则。无论我做什么或是说什么，我必须尊重事实。难道不是吗？”

保险员的这番提问让客户一时不知道如何是好。客户想了想说：“既然如此，那我就把钱存在银行吧。”

保险员发现时机来了，于是说：“我来给你分析一下。一般而言，在10年的缴费期间，存在银行由零开始累积，与投放保险来对比的话，有些逊色。因为投保有人身保障，这比较有利于投保者。

保险最大的功能是保单一经生效，就可获得保障。您存10万元钱到银行和买一份10万元的保单，若一生平安健康，看不出两者之间有多大的差异。但是一旦意外或疾病发生时，存在银行的钱就只是本金加些利息，而投资保险的话就不一样了，它可以多出10倍甚至20倍以上的价值。

当然了，如果您存放银行时，是定存，且时间很长，再加上您一生又平安健康的话，仍然是存银行定期比买保险划算。所以，先生，您无论怎样安排您的资金，都应该依据自身的需求，做好规划，您觉得是不是呢？。”

客户笑了笑说：“你很诚实，我被你说服了。明天上午你给我送一份保险单吧。”

客户最终决定买保险。

从这段话中，可以看出，客户之所以会被保险员说服，是因为保险员给客户用对比的方式分析了将钱存在银行和购买保险的差别。经保险员的分析，客户才充分且全面地意识到购买保险的益处，所以才决定购买保险。

因此，在提问时，我们要多利用对比，在表明观点的同时突出优势，使特点和好处更加鲜明，从而让对方能欣然地接受。

7.4

巧用暗示，留出悬念让他领会

提问时，暗示的技巧非常关键，是很多管理者、销售者都惯用的方式。暗示可以给对方一种警示，让他充分相信你。

场景1：

客户："你们的产品质量如何？"

销售人员："您放心，我们的产品绝对是一流，我们的产品多次被评为"质量至上"，产品的售后服务也是一流的……"

客户："我的意思是说假如产品出现质量问题，你们会怎么办？"

销售人员："这个您尽管放心，我们的服务承诺是出现质量问题15天之内无条件换货，一年之内免费维修，并同时提供24小时的上门服务。"

客户："我再考虑考虑吧。"

场景2：

客户："你们的产品质量怎么样？"

销售人员："我很理解您对产品质量的关心，毕竟谁都不希望花钱买的产品出现问题。我能问一下，您以前曾因为产品质量问题而受到困扰吗？"

客户："是的。我以前买的×××产品，用了几天就出现了问题，返厂修好之后，还是出现了一些问题，但是厂家二次维护就不管了，所以质量是我最关心的。"

销售人员："我十分理解您的担忧。您看看我们这款产品，采用的是德国三A级标准进口的设计，这种设计最典型的特点就是严谨细密，设计人员经过上万次的实验验证，所以质量是绝对可以保证的。当然，任何事情都可能有万一，如果真的出现了问题，您也不必担心，我们承诺，半个月之内无条件换货，一年之内无条件维修，并同时提供24小时的上门服务。您觉得还有什么不放心吗？"

客户："很好，听你这么说，我很放心，我先预定三套吧。"

上面两个案例，客户问的是同样的问题，得到的答案其实也并无差异。可为什么场景1的销售人员没能留住客户，场景2的销售人员却留住了客户呢？

原因就在于，场景2的销售人员运用了暗示的方法。他在给客户解释产品质量之前，先问了客户曾经因为产品质量而遭遇的"不幸"，然后针对"不幸"展开一系列的暗示，目的就是让客户明白，而且相信我们企业的产品是绝对可靠的，售后也是绝对可信的。

1. 直接暗示提问

直接暗示提问法就是提问者把提出的问题背后的一些意义或者

作用，直接提供给受暗示的被问者，使之能迅速地受到提问者观点的感染。直接暗示就是不绕圈子，直击对方的内心。这样不仅能使受暗示的对方迅速接受，而且还可以保证对方不会对提问者所提供的信息产生误解。来看下面这个直接暗示提问（见图7–2）。

图 7–2 直接暗示提问

这句提问的暗示非常直接，直接给对方一种警示，意味着对方必须要给出为什么工作缓慢的原因。

再来看一个带有潜台词的暗示提问（见图7–3）。

图 7–3 带有潜台词的暗示提问

这个暗示也非常直接，先是交代出管理者的想法和主张，希望员工能按时完成，后面又直接暗示如果有问题就早提出来，其潜台词是："有问题提前说，提前解决，不要耽误工作进度。"

所以，直接暗示的提问在管理工作中非常有效，也是管理者必须要掌握的一种提问方式。

2. 间接暗示提问

间接暗示提问法是什么？（见图7-4）。

图 7-4 间接暗示提问法

间接暗示需要提问者绕个弯子，采用迂回的方式来提问，缓缓渗透到对方的内心。

林肯在一次演说中说："曾经有人写信问我到底有多少财产。我可以告诉你们，我有一位妻子和一个儿子，都是无价之宝。此外，我还租了一个办公室，室内有一张桌子，三把椅子，墙角还有一个大书架，书架上的书值得每个人都读一读。我本人既高又瘦，脸蛋很长，不会发福。我实在没有什么可依靠的，但是唯一可依靠的就是你们，你们说我的财富够大吗？”

林肯的这番话其实有一定的暗示，尤其是最后一句“唯一可依靠的就是你们”，其实就是在暗示人们说：“你们才是我唯一的财富，我离不开你们。”

人们听过之后，自然就会体验到林肯热爱民众的深厚情感。与直接表露情感的方式相比，这种来自间接的且具有言外之意的表达情感更能让人体验深沉，印象更深刻。

7.5

正话反说，关键时刻“激他一将”

什么是正话反说？即指说出去的话所表达的意思与字面完全相反。例如，字面上是肯定，但实际意义是否定；字面上是否定，而实际意义上是肯定。使用这种方法能够在不直接指明对方错误的基础上，使对方能够自我反省并认识自己的错误。在管理工作中运用这种方法能让沟通效果实现完美。

有一则经典的宣传戒烟的公益广告，就运用了正话反说的技巧。广告内容如下：

第一，吸烟有助于节省布料：因为吸烟易患肺痨，导致驼背，身体萎缩，因此，做衣服不就能省下很多布料吗？

第二，吸烟可以防贼：抽烟的人常患气管炎，通宵咳嗽不止，小偷会以为主人未睡，便不敢行窃，这不是可以防贼吗？

第三，吸烟可防蚊虫：浓烈的烟雾往往熏得蚊虫无法承受，只得远远地避开，这不是可以防蚊虫吗？

第四，吸烟可以永葆青春：不等年老便患有肺病，早早去世，这难道不是永葆青春吗？

这则广告非常有意思。全篇都没有说吸烟的害处，一直在强调吸烟的四大好处，但实际上这些都是吸烟的害处。策划者运用的就是正话反说，显得幽默风趣。再加上，四则“好处”运用了反问的方式，让人们从笑声中悟出其真正要说明的道理，即吸烟危害健康。

在管理工作中，管理者也可以运用此种方式。例如，员工在工作时不认真，客户频繁登门反馈，老板有些焦躁，于是对大家说：“不如我们大家都回家算了，省得客户找我们麻烦，大家说是不是？”这个反话很大程度上能够警示员工要好好工作。

1. 内心不满却又不给对方难看的“正话反说”式提问

当我们想要表达内心不满时，往往很多人会直接问：“你为什么这么做？”尤其是在管理工作中，管理者一不小心就会调入“暴力提问”中，例如，“你是怎么工作的？”“怎么还没有完成？”“为什么不能给我一个满意的答复？”

这些提问过于直接，且有可能导致对方“害怕”而不敢正面回答，长此以往，很多沟通就此愈加困难。

事实上，当我们需要表达内心的不满时，也可以使用正话反说的技巧，让他人听起来顺耳一些。

例如，下面这个案例：

一位创业者和一个投资者在一家咖啡馆会面。咖啡送上来之后，创业者发现咖啡只有半杯，这时候创业者笑嘻嘻地对服务员说：“我有一个办法，可以让你们的咖啡每天多卖出一百杯。”

咖啡店老板非常高兴，急于问是什么办法。

创业者说："你只需要把咖啡倒满就可以了，你觉得呢？"

创业者巧妙地运用正话反说的幽默来表达失望感，却没有给对方带去难堪。也许创业者并没有喝到满满一杯咖啡，但创业者一定会得到咖啡店愉快的服务，咖啡店老板或许还会请创业者下次再光临该店。

这种正话反说的提问技巧不但可以巧妙地化解难题，还能够表达出提问者的幽默感，是一种很高效的沟通方式。使用这种方法时，需要学会的一个技巧就是：从另一个角度深入，让对方欣地然地接受。反说出来的话能使原本是困难的交往变得顺利起来，让听者在比较舒坦的氛围中接受信息。

2. 正话反说，巧用激将

在提问的技巧中，你还可以在正话反说中加入激将成分，让对方意识到自己的想法是不正确的，从而接受你的提议或者主张。

例如，下面这个案例：

有一位职场员工认为自己的工作太枯燥乏味，于是到处向朋友诉苦，她觉得朋友们一定会安慰她。不料有一位朋友听了她的诉苦之后，说："听你这么说我感觉你的工作真的很糟糕啊，不如趁早辞职，免得继续煎熬，你说是不是？"

这位职场员工听了朋友的话，突然意识到了自己的抱怨，于是说："其实倒也没有坏到辞职的地步，就是我最近这段时间太烦了……"从此，这位职场员工再也不向朋友倾诉自己的工作了。

在这个案例中，职场员工的朋友就利用了正话反说的方式，并且在这个提问中加入了激将法，潜台词是："既然你如此抱怨工作，不如辞职，早早脱离'苦海'。"实际上，这并非朋友的想法，朋友的意思是抱怨是没用的，需要自己学会调节情绪。果然，这位职场员工在这钟"激将"下迅速地意识到了自己的"抱怨"，及时收起了情绪。

在任何的对话场景下，都可以巧妙借助激将法将正话反说，让沟通变得干脆果断，且效果异常地好。

7.6

步步紧逼，让你的追问一直占据上风

我们总是会遇到需要追问的场景。

例如，下面这个案例：

一位面试官问对面的应聘者：“程小姐，我可以实话告诉你，这次来应征的人才有很多，优秀人才更是比比皆是，从各方面来看，很多人才都不比你差，你能否告诉我，为什么我们要录用你而不录用其他人？”

应聘者（程小姐）：“我在这方面有三年经验，客户资源也比较丰厚……”

面试官：“你了解我们公司的产品吗？假如我现在给你一个产品，你能保证在一天之内找到买家吗？如果找到了买家，你能保障当时签单吗？如果找不到，你该如何应对？”

在这个应聘中，面试官用了步步紧逼式的追问，这样的方式可以让对方感到压力，这不仅是对对方心理压力承受的考验，更是体现出了提问者的力度和威信。在管理工作中，管理者常常需要用到这种提问技巧。

1. 采用引导式追问

追问并不是让对方一一来回答你所有的提问，而是需要层层剥茧，让对方回答出细节，形成一个完整的对话。

例如，一位新经理刚上任，与一位员工对话并且了解工作情况。

员工："当时我尽了最大努力超额完成了年度销售目标。"

经理："那你到底做了哪些事情？比如是不是在产品销售时有所优惠？还是跟供应商达成了其他条件，请跟我说一下。"

员工还没有回答，经理又继续追问："你的销售目标是多少？是看签单率还是最终成交率？按照当时公司的产品和销售政策，你能完成70%就已经很好了，我说的对不对？"

员工：……

实际上在这个对话模式中，经理的追问是错误的。因为他没有正确引导对方说出真正的内容，而是一味地站在自己的角度去追问。这样做是无法得到好的结果的。正确的追问是这样的：

员工："当时我尽了最大努力超额完成了年度销售目标。"

经理："能否说下你到底做了哪些努力？"

员工："我当时是这样的……"

经理追问："请问你的年度招商目标是多少？具体完成多少？"

员工："年度目标是……"

这才是正确的追问，但是在这个过程中需要注意，提问者应当采用引导式的追问方式，而不是进行主观地追问。

2. 追问处理异议的方法

很多时候，当你面对对方的异议时，往往不知所措。实际上，你可以利用对方提出的异议，直接以追问的方式向他提出问题，引导对方在回答问题的过程中不知不觉地回答了自己提出的异议，甚至是否定了自己，而同意了你阐述的观点。这是一种异议化解方法，也是非常高明的沟通方式。

换句话说，与其由你去解释或者阐述，不如让对方自己思考和理解，最终把“攻守形势”反转过来。

下面的场景就是用这种方式来实现沟通：

客户：“你们的商品很不错，不过，我并不想买。”

销售人员：“既然产品很好，您为什么现在不买呢？”

客户：“产品虽然不错，可我觉得价钱太贵，我承受不了”

销售人员：“那您觉得这样的产品应该是什么价格？”

客户：“不好说，反正我觉得太昂贵。”

销售人员：“瞧您说的，如果连您都买不起，谁还买得起呢？这样吧，您给个参考价格，我也好给您分析分析。”

客户：“好吧，我觉得是×××元。”

销售人员：“您刚才说我们的产品好，可您开出的价格的确在市场中偏低了。但我们还是觉得能和您合作很荣幸，所以，按照您出的价格向上浮动10%，您认为这是不是同等质量下最合理的价格了？”

客户：“如果你们只上浮5%，我还觉得合理一些。”

销售人员："这样啊，那好，就按照您说的，上浮5%吧，为了能跟您合作，我们愿意做出牺牲，您看还有什么问题吗？"

客户："问题……没有了。"

销售人员："那我们直接签署一份订单？"

客户："嗯，好吧。"

在这个场景中，销售人员面对客户提出的价格异议，并没有马上摆事实、讲道理，而是向客户连续提出了几个问题，以此来引导客户自己回答自己，并最终否定了自己"我并不想买"的想法。

在许多其他的场景下，如果发生类似的产生异议的状况，你可以直接套用这种追问的模式，步步紧逼，最终让自己占据上风，引导谈话。

第 8 章

六大提问模型，直接套用就好

提问有模型可借鉴，让提问更加高效和专业。六大模型直接套用在相应场合，可以让提问发挥出强大威力。

8.1

迪士尼模型：激发员工提升工作绩效

在提问模型中，迪士尼策略是非常有效的一个提问工具，也称为“迪士尼模型”。迪士尼模型是国际NLP大师罗伯特·迪尔茨研究华特·迪士尼（迪士尼公司创始人）工作过程的策略而发展出来的。

迪士尼是全球公认的创意天才，他创造出了各种卡通人物，制作了许多受人欢迎的电影，并且发展出庞大的迪士尼产业，许多国家都有迪士尼乐园，它们成为全世界儿童向往的快乐天地。

罗伯特·迪尔茨走访了诸多曾经与迪士尼工作或者合作过的人，发现迪士尼之所以成功，是因为他同时扮演好了三种角色（见图8-1）。

图 8-1 “迪士尼模型”中的三个角色

下面是关于这三个角色和提问的关系以及运用。

1. 迪士尼模型中的三个角色在提问中的对应

（1）第一个角色是“梦想家”（Dreamer）

在迪士尼模型中，第一个角色就是“梦想家”。华特·迪士尼本身就是一个梦想家，具有天马行空的想法，否则他不会打造出迪士尼乐园。在工作中，迪士尼经常问自己（见图8–2）。

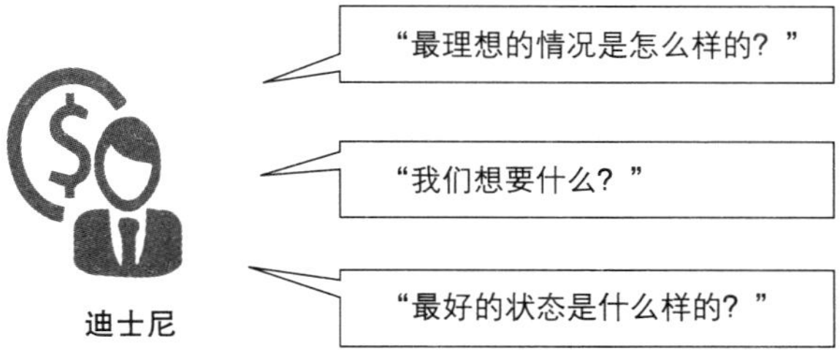

图 8-2 迪士尼在“梦想家”角色中常问的问题

对于这三个问题，也是提问策略中非常重要的环节。任何人在提问之前都应该是一个梦想家。然后对自己所要提出的问题进行自我对话，同时，在脑海中进行一个设想。

例如，你是一个管理者，当接手一个任务时（如拿下一个订单，需要马上着手操办），这时候你需要召开会议，向团队提问。提问的问题无非是针对这个订单或者项目的建议，等等。但是在提问之前，你先要将自己想象成为华特·迪士尼，或者是一个梦想家，然后对着那些实际的问题，自我询问一番："我们想要什么？""这个项目能够打造出的最理想状态是什么？"等等。

经过这样的一番自我询问，你就会知道你内心的那些问题是否可以激发员工的积极性，是否可以让整个团队会议的气氛活跃起来，激发大家的干劲。这对一个团队，乃至一个公司都是一种非常有效的提问沟通方式。

（2）第二个角色是"实干家"（Realist）

在这个环节中，华特·迪士尼认为自己是一个实干家。我们必须要知道任何梦想家如果没有实干，就只能是梦想，成不了现实。所以，必须要让自己成为一个实干家。例如马云，在早期创业时，对互联网的内容和操作一窍不通，可以说是一个非常合格的"梦想家"，但是却因为聚集了"十八罗汉"创业，亲力亲为邀请人才，然后设计蓝图，寻找可行渠道，一步步拜访客户，最终成为一个合格的"实干家。"

当华特·迪士尼是一个"实干家"时，经常问的问题是（见图8–3）。

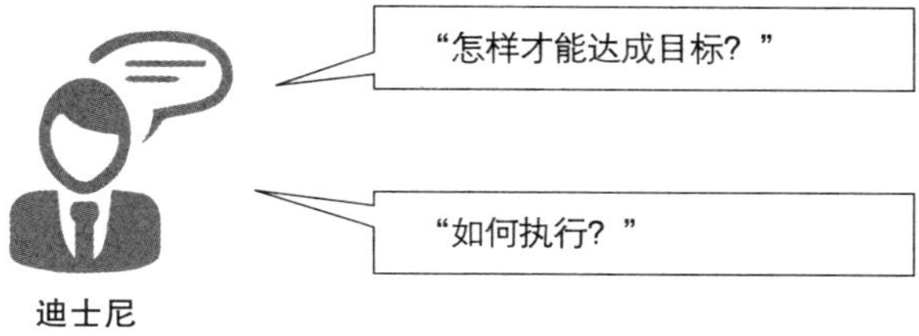

图 8-3　迪士尼在“实干家”角色时常问的问题

这样的问题不同于“梦想家”角色那么宏伟，那么激昂。但是却有可行操作，能够带动公司向前发展。

在提问中，管理者也必须要成为一个“实干家”，多问你的员工“如何执行？”例如，当一个项目拿到之后，你需要问你的团队“大家都有哪些解决方案？”这样的提问可以让问题得以快速解决，让工作高效进行下去。

（3）第三个角色是“批评家”（Critic）

华特·迪士尼认为，当成为“梦想家”和“实干家”之后，还应该成为一个批评家。时刻监督和询问工作，让失误及早被发现，让问题及早解决。为此，华特·迪士尼经常问下属这样的问题（见图8-4）。

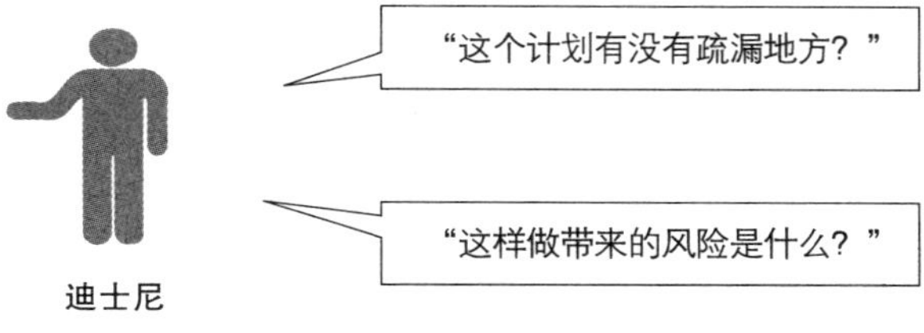

图 8-4　迪士尼作为“批评家”时常问的问题

作为管理者你应该像华特·迪士尼这样，时刻记住自己是一个“批评家”，要监督、要询问、要发现。例如，在项目操作中，管理者可以问，“这样做会有什么缺陷？”“具体的风险是什么？”

这样的提问可以给员工一个警醒和启发，让员工在工作时可以更加严谨，在更大程度上避免失误。

2. 管理者找准身份，问对问题

事实上，“迪士尼模型”的核心要点就是需要找准角色，然后问对问题。“梦想家”“实干家”和“批评家”不一定在一个问题上同时扮演，你可以根据不同的情况来扮演不同的角色。

例如，当工作上出现了问题时，你应该立刻成为“实干家”而不是“批评家”。因为问题已经出现了，接下来最重要的是要解决问题，而不是批评对方。所以，这时候你可以问，“针对这个问题，我们的解决方案有几种？”或者“最好的解决方案是什么？”

例如，当公司遭遇瓶颈时，我们应该成为“梦想家”和“实干家”的结合体。把自己的规划拿出来与大家分享，这不仅仅可以给自己激励，还能给员工一种鼓舞，可以提升对方工作上的绩效。此外，在说出规划的梦想时，还应该伴随着实干，拿出具体的解决方案和操办方法，只有这样，梦想才有可能变成现实。

所以，管理者需要在“迪士尼模型”中根据问题和实际情况找对角色，然后问出正确合理的问题，激发员工的积极性。

8.2

黄金圈模型：Why → How → What

在提问中，还有一个著名的模型——黄金圈模型。该模型是由著名的营销顾问西蒙斯·涅克提出的一个“黄金圈”理论：即三个同心圆，最里面的一个是Why（为什么，目的），中间一层是How（具体方案），最外面一层是What（现象，成果，做什么）（见图8-5）。

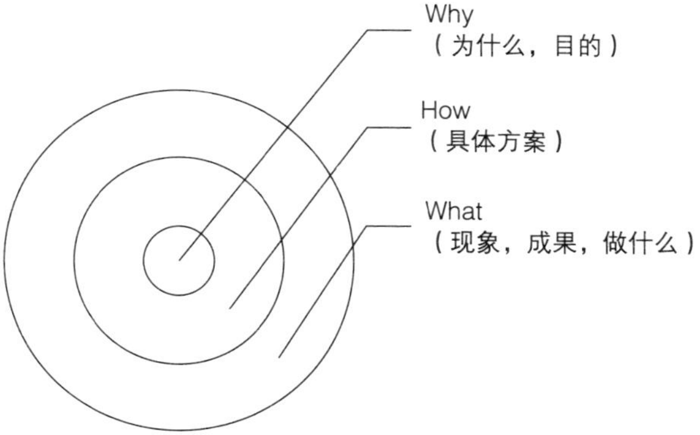

图 8-5　黄金圈模型

一般人的思维习惯往往是从外面的圆逐渐推到里面。但是真正的高手其思维习惯恰恰相反。

1. 黄金圈模型的直接方案：引领式提问

我们先来看一个关于苹果公司的案例。

苹果做的永远是打破思维定势，寻找全新的角度，然后设计出精益求精的产品，如此一来，苹果公司的产品每次都会带给用户很好的用户体验。

在苹果公司的新品发布会上，乔布斯或者库克总是首先会告诉用户“Why”，即他们为什么要做这样的设计，这其中传达的是一种引领式思维，并不是某一种产品。他们希望得到的是消费者对设计的思维认同，这显然是一种“灵魂式吸引”。

用户认同这种前端设计并惊叹于良好的用户体验时，自然而然就会自主发问：“苹果公司是如何做到的？”，这就是“How”。

接下来才是“What”层面。例如，用户需要一台手机，苹果公司的答案就是“我们这里有”。此时在“Why”层面下，消费者就会购买。这并不是因为这部手机有什么功能，而是如果用户想要的东西苹果公司都有，你便不需要给他介绍功能，因为消费者相信苹果公司的品质。

所以，苹果公司卖的不仅仅是产品本身，更是产品的设计思维。

在提问中也是如此，你可以利用由内而外的黄金圈法则进行提问。例如，一个做教育培训的公司，培训师在进行座谈宣传时，不会一上来就讲自己的培训有多优秀，而是问用户：“为什么要来参加我们的培训？”从“Why”层面开始，接下来是“How”，因为这家培训机构邀请的都是业界有很高影响的讲师和教授。他传达出的是一个学员跟着知名讲师前进的理念。于是就成功地吸引了大量有上进心的人（What，最后的结果），这些人相信去了培训班之后会有所成就，于是认同这个培训机构。

因此，“黄金圈模型”的一个典型运用模式如图（见图8-6）。

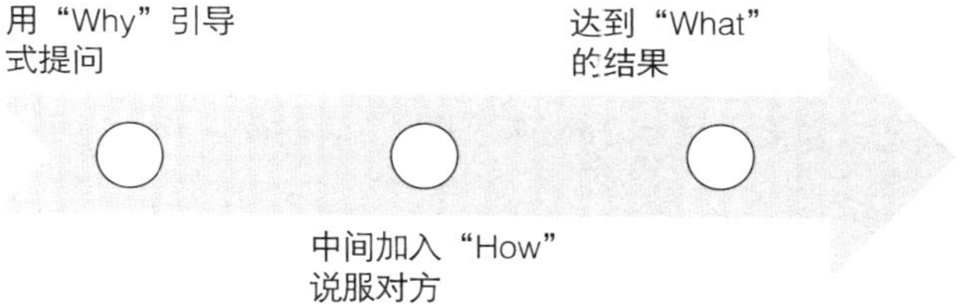

图 8-6 “黄金圈模型”典型运用模式

2. 套用“黄金圈模型”提问的流程

在提问时，我们可以直接套用这个“黄金圈模型”。例如，先问“为什么”，然后再问“怎么做”，最后问“结果是什么”。这个模式适用任何的提问场景。

例如：

一个客户到公司大闹，原来是A负责的项目出了问题，客户非常不满意，直接要求解除合同，并且退款。

最终在管理者的好言相劝之下，客户平息愤怒，并且希望在三天之内给出最后的答复。

送走客户之后，管理者与A进行了对话。

管理者："这个项目为什么会出现这样的结果，你解释给我听？"

A："是这样的……"

管理者："你们设计部拿出的解决方案是什么？"

A："第一……第二……"

管理者："最后的结果最好是什么，最坏是什么？"

A："最好是……最坏是……"

管理者："好，就这样去办吧，另外，我再建议一点……"

运用"黄金圈模型"提问，更加节省时间，让沟通更快速和高效。

8.3

SPIN 模型：层层盘问，找到最终解决方案

SPIN模型也被称为SPIN销售法，是由著名管理学者尼尔·雷克汉姆（Neil Rackham）先生创立的。尼尔·雷克汉姆先生的SPIN销售法是在IBM和Xerox等公司的赞助下通过对众多高新技术营销高手的跟踪调查提炼完成的。

SPIN模型的主旨是层层盘问，每一层都是一个非常有针对性的提问（见图8-7）。

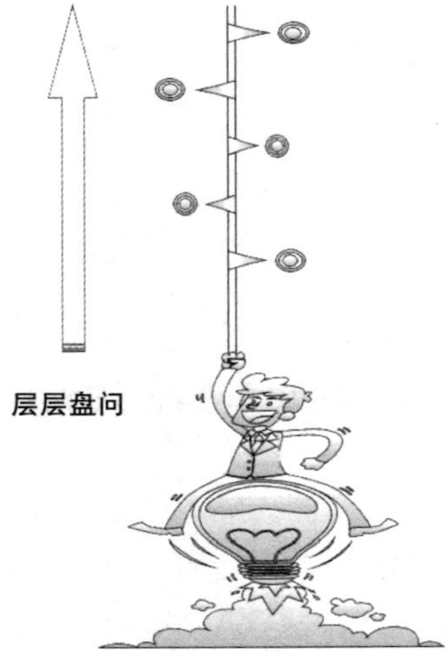

图 8-7　SPIN 模型的层层盘问

下面针对每个环节进行剖析。

1. S（Situation Question）有关现状的提问

在这个环节，主要是情境性提问（见图8-8）。

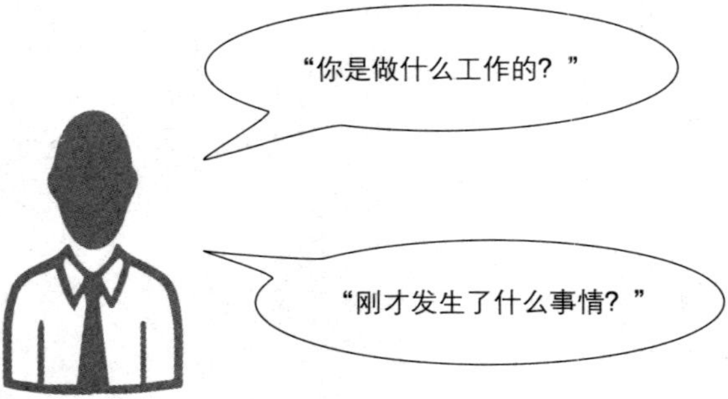

图 8-8　在“S”状况下的提问模式

无论你的提问对象是谁，都可以先由这个环节问起。特别是在管理工作中，管理者每天都会被大量的工作缠身，这时候，最需要的就是针对现状的提问。

例如，在产品研发中，管理者可以问："产品研发到了哪个阶段？"；在客户咨询情况下，可以问："是产品还是服务出现了什么问题？"；在团队出现矛盾时，可以问："最近团队内发生了什么？"；在听下级汇报工作时，可以问："这就是全部的汇报吗？"……

在这个阶段，你需要的是针对当前所处的环境提出疑问。这个问题可以是表面的，是第一反应中感受到的，这样便于打开整个提问的大门。在销售工作中，销售人员通常用这种提问来对客户进行了解，并且建立一个客户档案。

2. P（Problem Question）有关问题的提问

在这个环节中，提问是一个探究性话题（见图8-9）。

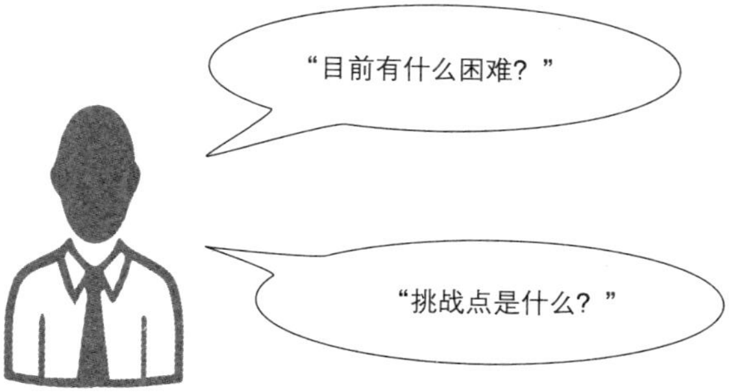

图 8-9　在"P"状况下的提问模式

在管理工作中，管理者常常要用这个提问方式来问出对方心里隐藏的难题，这是快速解决难题的最直接也是最佳方案。

在销售工作中，这个环节就是要问出客户的“痛点”，即困扰客户的问题。有时候客户并不愿意直接说出来哪里不满意。这就需要我们仔细聆听客户的回答，分析客户说出的有效信息，引导客户说出自己的不满，从而挖掘出客户隐藏的需求。

例如，下面两个提问：

（1）“您现在住的地方距离您工作的地方远吗？平时从家到公司大概需要多长时间呢？”

（2）“现在住的房子是几居室？是和父母同住吗？家里有没有小孩子？”

这两个问题就很容易挖出痛点。层层盘问，最终找到客户的痛点，这样客户才愿意听你接下来解决痛点的办法，为下一阶段的提问打下基础。

3. I（Implication Question）有关影响的提问

在这个阶段中，主要的提问核心是引导对方明确需求的阶段（见图8-10）。

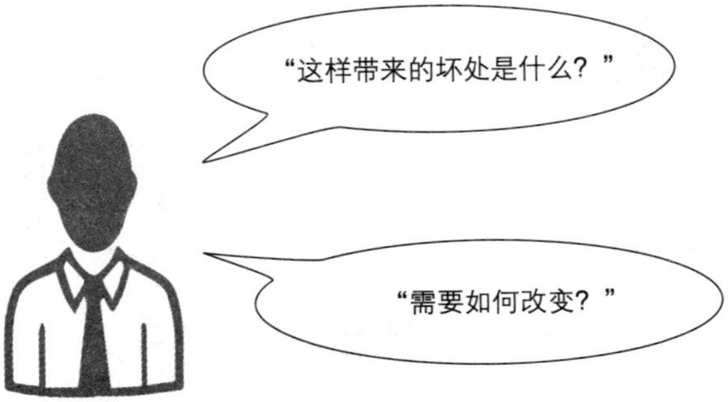

图 8-10　在“I”状况下的提问模式

因为在上一个提问中找到了对方的痛点，所以，对方就会想要解决痛点。因此，这一阶段要在引导对方说出潜在需求后，告诉对方问题的严重性和紧迫性，这样就会让对方逐渐明确自己的需求。管理者可以问员工："这些困难和挑战会带来什么样的损失？"

这种问题虽然看似直接，但是却带有暗示的询问，有些问题如果不问，对方很可能不会说。在管理工作中，一旦在一个环节或者细节上出现了纰漏，就可能会影响后面的收益。因此，员工不及时说，管理者就要及时问。用这种暗示可以将很多难题或者问题一并找出来。还可以通过这种提问来观察员工的反应，以此来把握事情的进展顺利程度，这对工作也是一种帮助。

4. N（Need-pay off Question）有关需求和回报的提问

在这个阶段，主要是解决问题环节，通过提问来确认收益和回报（见图8-11）。

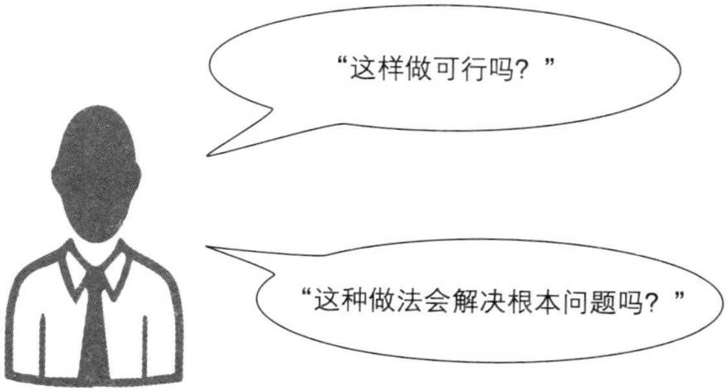

图8-11　在"N"状况下的提问模式

销售工作中，在这一阶段销售人员要给出解决办法，并且要让客户认识到这个办法能给他带来的好处。因为在上一阶段，客户已经认识到了自己需求的紧迫性，要必须得到解决方案。

此时，销售人员只要通过试探性地提问，强化客户的需求，客户就可能会产生明确购买的意愿。要做好这一步需要注意，给客户的解决方案要超出其预期的利益，让客户感受到你的产品或者服务超值，并且能够认同，这样才能促使客户下决心购买你的产品。

在管理工作中，管理者可以针对某个项目或者问题这样问："如果有这样一个服务能解决这些问题，并带来意想不到的收益，如何？"面对这样的问题，对方通常会发表看法，而且一般都是同意的态度。如此就能得出一个满意的答复。

这就是SPIN模型的提问法。作为管理人员需要好好掌握这个方法。当然，并不是每次的提问都要严格按照这个顺序进行，你可以根据情景来灵活运用。

8.4

GROW 教练模型：目标→现状→方案→行动

任何问题的本质都是理想与现实之间的差距。当你认清和定义了面临的要解决的问题之后，接下来就到了该如何解决问题的阶段。那么，有什么工具可以应用到这一环节呢？GROW教练模型是一个帮助激发潜能的工具，帮助做出优质提问，并且是解决问题提升表现的工具，尤其是在管理工作中。

这个模型既可以被运用在工作和生活的各个方面，也能应用在组织层面，帮助团队提升表现。主要应用范围包括（见图8-12）。

提升个人表现

· 经理
· 高管等

帮助他人提升表现

· 作为教练等

增强团队表现

· 作为工作团队
· 体育团队等

提高公司业绩

图 8-12 “教练模型”主要应用范围

1. GROW 教练模型

GROW模型犹如一张地图，可以引领人们更好地做出决策。下面是GROW模型图（见图8-13）。

图 8-13 GROW 模型

在GROW模型中，作决策都会经历以下四个阶段。

（1）目标（Goal）：我们想做的事情。

（2）现状（Reality）：我们所面对的现实状况。

（3）方案（Options）：我们如何从现状到达目标。

（4）行动（Way Forward）：我们需要采取什么行动。

通常情况下，人们不会按照这个顺序来思考事情，更多的是在四个阶段中不断跳跃、不断切换。如果我们能按照一定的顺序和方法专注在四个阶段上，我们就可以大大减少干扰，增加决策的速度和精准度，从而提升表现。因此，这个模型的最大特点就是要按照流程，专注这四个方面，将挑战分解成难度较小并可完成的任务。

2. GROW模型于提问的运用

在GROW模型中，你需要准备一份提问列表。

（1）目标（Goal）：要解决什么问题

通过利用GROW模型，提问者需要问出目标是什么，进而延伸到达不到目标会如何。例如，一个管理者在团队会议上这样表态："在这个项目上，我们的目标是什么？"（如同教练一样，将目标和未来的规划问出来，以此来激发成员），然后接着问："如果我们不采取行动，会造成什么后果？"（实际上"后果"也一种结果，是目标的一种反向结果）。

在这个阶段，管理者要记住，主要询问的是需要解决什么问题。

（2）现状（Reality）：现在的情况是什么

在该环节，提问者需要针对现状进行提出问题。

简言而之，就是现在的情况是怎样的。并且还需要延伸至现状中人们做了哪些工作，结果是什么样的，遇到的阻碍是什么，等等。

例如，管理者可以这样问下属，“对这个项目，我们目前遇到的最大阻碍是什么？”“我们的目标是否可行？”“我们做了哪些努力，结果如何？”。

这些问题可以针对当前的状况提出来，也是提问者对当前现状的一个绝对把握。有了对现状的把握，才能对接下来的提问更有力度和针对性。

（3）方案（Options）：该怎么做

对于方案环节，很显然就是具体的解决方案和措施是什么。提问者必须要问出这个方案是什么。

在提问时，必须要有针对性，例如，管理者的提问，“我们可以做什么来推动这个项目的进展？”“有哪些方案是我们可以选择的？”。

这样的问题非常有针对性，而且还可以给对方一种警示，必须要拿出方案才能说服提问者。这在管理工作中，也是提高效率、加强工作进度的一种有效方式。

（4）行动（Way Forward）：什么时候开始行动

在这个环节中，就是具体的行动过程。例如，有哪些方案是必须要采取行动的？具体该如何行动？什么时候开始？

提有关于行动的问题是最能激励员工工作积极性的。例如，管理者的提问，“规划都发给你们了，我想知道你们什么时候开始着手？”“下一步该做什么？”。

任何模型都是理论和方法，你真正需要的是结合实践进行应用，才会有更深刻的领会。因此，在提问时，你需要根据所处的场景进行选择和应用，将其内化，才能取得提问的最佳效果。

8.5

NLP模型：通过角色认知提问得到答案

“NLP模型”也称为“逻辑层次”，最初由格雷戈里·贝特森发展出来，后由罗伯特·迪尔茨整理并在1991年推出。

这种模型可以用来解释社会上出现的很多事情。这个模型，可以让你通过角色认知明白对方的困扰所在，也容易帮助对方找出解决问题的方法，因此，这是一个很实用的提问工具。

该模型的最大特点（见图8–14）。

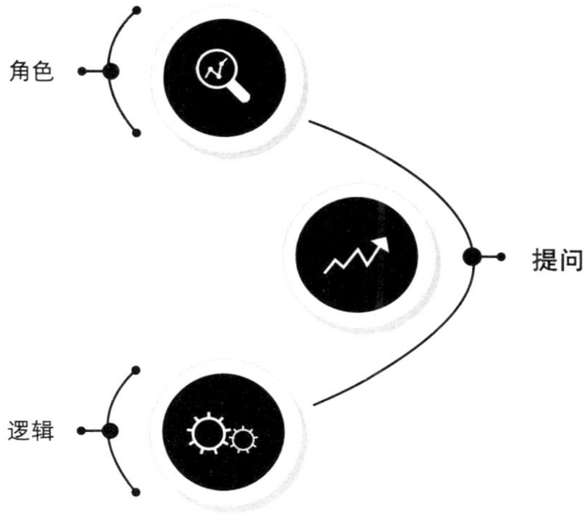

图 8-14　NLP 模型的最大特点

从图8-14中可以看出，该模型主要是根据角色和逻辑来逐层询问。例如下面的提问。

（1）“你想成为什么样的人？”或者“你现在的角色是什么？”（角色的提问，让对方和提问者双方都明确自己的角色和定位，有一个大方向的肯定和把握）。

（2）“你想要什么？”（对未来美好愿景的提问，根据上述角色自然而然地提出这个愿景）。

（3）“为什么这个项目对你如此重要？”（依然是根据角色来提问对方为什么要做某件事）。

（4）“你将如何做到？”（根据角色来问对方该如何做到上述的目标和愿景。主要核心是通过什么方法和行动去做）。

在提问中，运用这个模型时需要注意几个方面的方法。

1. 确定角色很重要

NLP模型的核心是角色，没有角色下面的那些连续性问题都是无用的。因此，确定角色很重要。在提问过程中，你必须要搞清楚在某个问题或者事情上，被提问者应该扮演的角色是什么？这不仅仅是需要你清楚，还需要对方也清楚。

很多情况下，对方在忙碌之中忽视了自己的角色，反而让自己忙得不知所措，更不知道为何而忙。特别是在管理工作中，你一定要通过提问让对方知道自己所处的身份和角色。

例如，下面这个案例：

在一次竞争中，A公司败给了B公司，老板非常焦虑。紧急召开部门会议，研讨这次失败的原因。这时候，一位员工孙某非常情绪化，直指参与竞争策划团队的成员张某和李某。在这期间，这位员工还多次用“鄙夷”的态度对待张某和李某。

张某和李某因为没有在竞争中取得成功，所以也无心搭理对方。这时候老板敲了敲桌子，然后对孙某说：“小孙，你在这次竞争策划活动中，是什么角色？”

孙某说：“行政。”

老板又问：“你直接参与策划方案了吗？”

孙某：“那倒没有。”

老板：“你去活动现场了吗？”

孙某：“也没有。”

老板：“既然你没有直接参与这次竞争策划，你有资格说其他参与活动的同事？”

孙某当时哑口无言。

因为这样简单的提问，孙某没有再在会议上对张某和李某进行指点，这也让会议进行得非常顺利，并且通过沟通，很快就找到了策划失败的原因。

可想而知，这位老板如果没有对孙某进行盘问，也许孙某的行为会破坏整个会议的气氛，让沟通变得糟糕，无形之中降低了沟通和工作的效率。

所以，在提问时，确认对方的角色很关键，提问者需要在关键时刻通过角色认知提问来得到答案，让沟通顺利进行。

2. 逻辑层次不等于滥用“为什么”

很多人认为“逻辑层次”就是连续追问，不断地问“为什么”，事实上，在NLP模型中强调的是针对角色认知询问关键问题，而不是滥用“为什么”。

小品演员蔡明曾在2008年中央电视台春节联欢晚会的小品《梦幻家园》中有一段经典台词：

蔡明：“您好，这里是梦幻家园售楼处，我是蔡小姐。”

张总：“我是张总，我严重警告你。”

蔡明：“为什么呢？”

张总：“试用期两个月过去了，你有业绩吗？你卖出过一套房子吗？”

蔡明：“为什么呢？”

张总：“问你自己？”

蔡明：“哦，为什么呢？”

……

虽然这是喜剧小品，但是映射到现实中，很多人也喜欢滥用“为什么”，再来看一个案例：

客户：“我不喜欢这款口红。”

销售人员：“为什么您会不喜欢？”

客户：“颜色不太好。”

销售人员：“为什么您觉得颜色不太好呢？”

客户：“这个颜色与我的皮肤不相称。”

销售人员：“为什么您觉得和您的皮肤不相称呢？”

客户：“你怎么那么多为什么？没有为什么，我不想买，行了吧！”

上述案例中销售人员的这些问题，问了等于没问，客户已经说了“颜色不太好”，还要问“为什么颜色不太好”，试想，这样能得到客户有用的回答吗？

如果销售人员这样问“您喜欢什么颜色的口红呢？”或者“您是觉得这个色号不时尚还是与您的肤色不搭呢？”客户就会顺着问题展开回答。

因此，按照NLP模型，先从角色认知入手，然后根据实际问题进行有逻辑地询问，这样的提问才是有价值的。

8.6

ORID模型：以焦点为主的简洁对话

下面先来看管理者常遇到两个的场景。

场景1：

在一个绩效面谈过程中，作为主管人员需要面对面地与下属讨论绩效工作存在的一些缺陷，而面谈的结果又直接关系到随后发给员工的绩效奖金、工资晋升等。因此，一旦探讨到令人尴尬的问题，就非常容易给双方带来紧张乃至冲突。这些都会让管理者出现应付面谈的情况，最终只会让绩效成为考核，无法解决关键问题。

场景2：

在培训工作中，培训师往往需要带领学员做游戏，游戏作为一种娱乐，虽然活跃了气氛，但也浪费了很多时间。在培训过程中，培训师让学员做完某部分的练习之后让学员分享自己的感受，再总结一下感想，再然后就没有然后了。对学员来说，除了玩游戏时很兴奋，似乎没有得到什么实际的收益。

以上这两个场景中的沟通为什么会没有实际成效呢？因为这两种沟通都没有焦点，所以非常浪费时间。那么，有没有让这些场景中的沟通变得更有效果的方法？答案就是使用ORID模型。

ORID模型是一种会议、交谈形式，这个方法被广泛用作分析事实。该模型是由美国文化局开发并发展，通过理性、有暗示作用的提问而使决策更理性可行的一种方法。

ORID代表了四种不同的问题（见图8–15）。

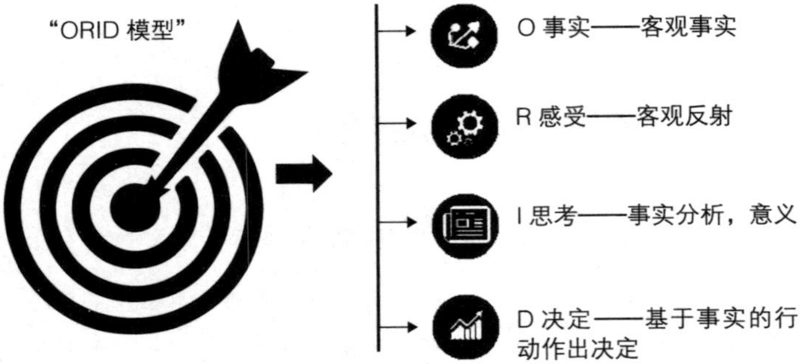

图 8–15 ORID 模型代表的四种不同问题

1. ORID 模型流程

在运用ORID模型时，需要针对提问者进行一个逻辑上的梳理。具体的流程（见图8–16）。

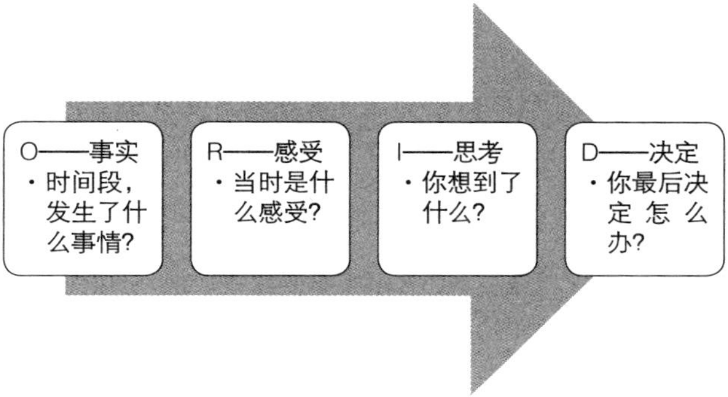

图 8-16 ORID 模型的流程

（1）×××时间段，发生了什么事情

提问者需要一上来就要询问客观事实，例如，管理者询问去拜访客户的员工："客户提出了什么意见？"对方可以回答："客户的意思是……"

这个问话简单明了，也是一种既定的事实。既然员工去拜访客户，那么客户一定表达了某种观点或者想法。这个观点就是一种事实存在。管理者想要掌握工作情况，就必须要问出这个结果。

（2）当时是什么感受

还是按照上述案例，当管理者知道了客户的观点之后，接下来就要询问拜访客户的员工对此是怎么想的。此时这样问："你对客户的要求，有什么看法？"员工可以回答："我认为客户主要是在价钱方面有所犹豫……"

依然是简单明了的提问，可以快速问出员工的看法。这对管理者掌握工作有很大的帮助。

（3）你想到了什么

当明确了员工对客户要求的看法之后，接下来管理者还需要获得一个信息，那就是询问员工对此事的思考和分析。管理者可以这样问："既然客户对价钱有所犹豫，那么你觉得我们应该怎么做？"员工可以回答："我们目前有两个方案，第一，降低5%~8%的价格。第二，放弃这个客户，寻求其他客源……"

管理者的这种提问方式让员工无处可逃，员工必须要说出自己心里的想法和计划。这对管理者在下决策时也有很大的帮助。

（4）你最后决定怎么办

知道了员工的看法和计划之后，接下来就是决定层的动向。管理者可以这样问："分析了这两种方法之后，你觉得我们应该选择哪种？"员工可以回答："我个人认为可以降价5%，这个客户的公司规模很大，在市场中的口碑也不错，我们可以借此开拓更广的市场……"

一个完整的ORID模型提问流程就出来了。主要是针对一件事的焦点进行提问，这样的提问不但有针对性，而且更加节省沟通时间，让工作变得更加高效。

2. 把复杂的问题进行分解

ORID模型的核心是焦点提问，这也意味着要拒绝太复杂的问题（见图8–17）。

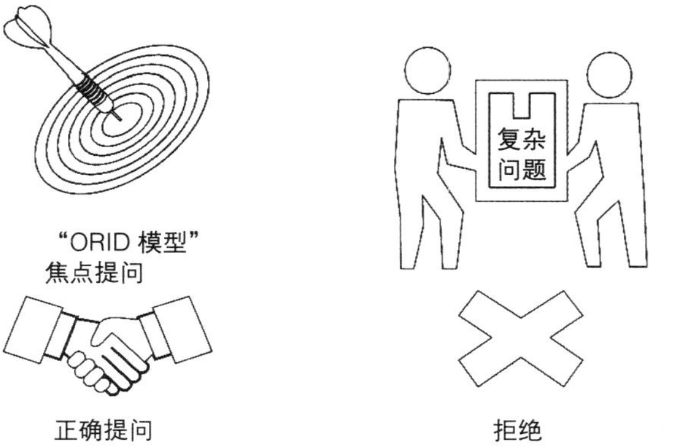

图 8-17　ORID 模型的核心是焦点提问

在工作中，如果你遇到了一些复杂的问题，不如将问题分解，即拆分问题。在这方面，销售提问的做法很值得借鉴。

例如，下面这个场景：

客户："我觉得这台音响设备太贵了"

销售人员："您认为贵了多少钱？"

客户："贵了七八百元吧。"

销售人员："那么我们假定贵了八百元。"说罢，销售人员拿过来一个计算器，然后对客户说："您想这台设备能使用多少年呢？"

客户："至少三四年吧。"

销售人员说："好，我们按照三年来计算。"然后销售人员在计算器上进行了一系列的操作，随后说："按照您的想法，每年多花费266元。您在外面饭店吃一顿饭也不止这个钱吧？再说，您还可以买到如此高端大牌的音响设备，给您带去几年愉快的心情，您说不值吗？”

客户听着没有说话。

销售人员继续说：“我们再看看每月呢？”说着又用266除以12，计算器屏幕显示出22……销售人员继续对客户说：“也就是每月多花二十几元而已。再核算到每一天，都不足一元钱，您说对吗？”

客户：“是的。”

瞧，这个订单想不达成也难。

该销售人员将客户嫌价格贵的大问题，用拆分价格的方法，将问题拆分了。这些提问给客户带去的感觉是接受贵八百元是个挺大的难题，但如果是接受一年贵两百多元，就容易得多了，若是再下降为接受一个月二十几元钱，就更加容易了。

把问题具体化，直接指向一个焦点，那么将客户的忧虑给拆散就容易多了。

第 9 章

走出误区，你就是提问高手

提问是有误区的。一旦掉入误区，再多提问也等于白问。例如，你的提问肤浅简单，对方可能没兴趣回答；你的提问范围很广，对方根本不知道怎么回答……规避提问误区，你才能成为提问高手。

9.1

误区一：你的问题，“度娘”都能搜到

无论是在职场中，还是在日常生活中，你都很容易在提问上面出现问题。首先最大的问题就是你的提问过于简单，或者过于机械，只要你上网“百度一下”就能有答案。这样的问题很容易耽误对方的时间，也显示出你的提问水平特别差，而且还让对方对你的印象变差。

例如下面的提问（见图9–1）。

图 9–1　过于简单的提问

关于这些问题，只要你问出口，就等于是在浪费他人的时间，也等于降低了自己的水平。所以，你在提问时，千万要注意，不能问一些过于简单的问题。

1. 提问前要懂得自我提问和自我思考

人，是被提问支配着的，它比任何语言都能让人牢记。

著名演员金士杰有一个励志短片，他在片中说过这样一段话："按照平均年龄来算，若你可以再活60年，就是21900天。如果你的人生只剩不到22天时，今天还要做你正在做的事么？下一个十年，你会在哪里？你要在哪里？"

当你决定要向他人提问之前，你应该有了几百次乃至几千次的自我提问经历。不断地向自己提问，才能确保把有限的时间花在最重要的事情上。因为你思考什么问题，你就会往什么方向行动。

提问的过程也是一个自我反思的过程。苏格拉底说过："不经过反思的人生是不值得过的。"

优质的提问不仅是学习和工作的核心能力，也是人际沟通的重要环节。日本企业高管教练粟津恭一郎指出："提问的差距造成了人生的差距。"

事实上，那些成功人士经常向自己提出有创造性、有价值、有新发现的问题，从而促成新的行动，最终导向成功。

2. 提问要有深度，跟肤浅的问题说"NO"

在提问的过程中，有多少人不经过思考，以为想问什么就可以问什么，事实上，这样做很容易暴露自己的无知和肤浅。

当你的肤浅一旦暴露在外，与你谈话的人或者群体就会觉得你不够深度，不够深沉，甚至没有水平，因此很难会跟你深交，更不会有深度的合作或者交谈。因此，你在提问时必须要有深度。

在提问之前你必须要做到以下两点，才能提出有深度的问题。

（1）问题要提前打好“草稿”

许多人提问时不假思索，想问什么就问什么。实际上，任何问题只要你问得好，就能得到好的回馈。如果你的问题很粗陋或者简单，大家随便在网上一搜就能有全面的答案，那么你不会得到好的回馈。对方很可能给你一个白眼，或者冷冷地回复你一句：“网上查！”。

因此，在提问问题时，需要提前打好“草稿”，如果时间紧迫，你没有纸笔，可以打开手机的备忘录将问题捋清楚，然后做一个大概的框架，这样至少你自己能够对问题有一个熟悉的思路，可以灵活应对对方的回答。

（2）提出问题前先搜索百度

提问之前可以在电脑或者手机上先搜索一下百度，如果有详细的答案，就不需要开口提问了。如果网上搜索之后，这个问题的答案是模糊的，或者是复杂的，就可以提问。但是在提问时，也应该对这个问题有一个大概的了解，只有这样才能把问题问得更深。

3. 提问要专业

先来看这样一个场景：

某病人因为脚部有疾，前往一家药房购药，这位病人向销售员描述了简单的病情特征之后，销售员直接拿了几样药品，然后对病人说："×××怎么样？很多类似这样的病人都吃这种药。""×××也行，就是贵点，不过见效快，你看你选择哪种？"

这位病人非常愤怒，对销售员说："这些药我自己上网查都能知道药效如何，你不必给我推荐。"说完病人就离开了。

在这个场景中，药房销售员的提问非常肤浅，而且一点儿都不专业，问的问题都是为了推销药品，而没有说服对方。

再来看一看下面这个销售员的问法：

这位病人来到了第二家药房，和上述一样，描述了简单的问题之后，销售员问出了下列系列问题：

"你是初犯还是复发？"

"出现这种情况多长时间了？"

"经常做运动吗？"

"最近有没有干过体力活？"

这些问题非常专业，病人便一一作答，然后销售员说："还好，不严重，是因为你过量运动导致的，先吃一盒×××，然后外敷×××药水，一个疗程之后观察情况，如果依然没有见效，我建议你去医院就诊。"

在这个场景中，这位病人购药的过程就很愉快和顺利，因为该销售人员提出的问题非常专业且针对病人本身来提问，这样的提问不可能在网上找到答案，而且这样的提问也能真正从内里解决问题。

因此，在提问时，我们必须要拿出一些专业的姿态，然后配合对方的实际情况来提问，这样的提问既实用又能引导对方认真回答，将谈话顺利进行下去。

9.2

误区二：问题那么大，你让对方怎么答

粟津恭一郎说过：“在职场中，70%的时间花在沟通上，真正完成任务的时间不足30%，造成群体工作绩效低的第一大原因就是‘沟通不良’，而‘沟通不良’的第一大杀手就是不会问问题。”因此，我们可以说：懂得正确地提出问题，也是一项重要的本领。

也许在你身边的一些职员，经常会问这样的问题：“如何才能提高工作效率？”这个问题真的太大了，你想让对方怎么回答你呢？

很多管理者在与员工沟通时，也因为没有搞清楚问题的范围，而直接抛来一个大问题，例如，“怎么才能快速搞定一百个客户呢？”如果老板问出这样的问题，恐怕这个员工离辞职也不远了。

因此，我们要避免这个提问误区，要把问题掌握在一个范畴内，给对方一个可以合理回答的范畴。

下面来看一看很多管理者容易在这个误区中踩到的几个雷点。

1. 问题过于宽泛，容易引发无关讨论

很多管理者经常这样问自己的员工（见图9-2）。

图 9-2　管理者的问题太过宽泛的案例

这些类型的问题，都是一些“炸弹”。此类问题并没有说明自己的公司或者产品是怎样的，也没有说明自己的产品具备什么核心优势又或者做过哪些尝试，所以也不清楚管理者具体想了解哪些方面。

针对这些问题若要展开讨论，恐怕要讨论很久，而且还不能保证会有一个明确的答案。因为这些问题本身就没有边界，非常宽泛，无法拿出一个具体的解决方案。

因此，想要避免这类提问，就必须在提问之前先确定一个焦点。例如，管理者想要从电商入手，可以选定一个焦点，如产品。那么就可以这样问：“我们的产品是否可以在电商方面投入？”

这样一来，你的问题就有了范围，有了产品这个焦点，再进行对电商的讨论，就可以给员工一个明确的思路和方向。那么大家在讨论这个问题时，也会更加容易商讨出具体的操作方案。

2. 所问的问题，根本没有答案

所谓“没有答案”，其实就是两种情况——过于庞大或者过于私人化。

（1）过于庞大

庞大的问题就是笼统且大而不当，根本不可能在只言片语中解答，真的要解答，必须经过长时间、系统地分析研究。

例如，有一个人问一个作家：“如何才能写出好的文章？”这样的问题就是庞大的问题。这个问题可以单独设立一个课堂或者培训班来解答，它是无法用三言两语解决的。因此，这样过于庞大的问题我们切不可问。

（2）过于私人化

还有一些问题也显得范围很广，但是在问题的性质上却属于私人问题，且过于私人化。例如，一位学生问自己的导师：“老师，你说我是考研还是找工作比较好？”这个问题就过于私人化，而且这个问题并非是公事，他人不可能代替当事人来做出决定，导师是无法给出明确回答的。

9.3

误区三：只描述背景，就是不问核心问题

美国商业战略家安德鲁·索贝尔曾遇到过一个非常难缠的客户，索贝尔很想拿下这份合同，但是客户的无休止要求几乎让他失去耐心。于是他找到了自己的好友，也是美国著名的成功学大师威斯先生。

刚见面，索贝尔就开始描述自己的惨状："我的那位客户，想要做一个大项目，但是他的要求真的很多，他说话时的口吻我也不喜欢，无理的要求一堆接一堆……"

谁知道他还没讲完，威斯就打断了他，问："你的问题到底是什么？"

索贝尔说："我不是正在和你讲吗，还有很多详细信息没有说……"

威斯再次打断他："你从刚进屋就说有个问题要问我，可是你到现在都没有说有什么问题，只是在跟我抱怨你的客户。"

索贝尔觉得非常尴尬，说："我真是太愚蠢了。我想问你的是，如何与一个控制欲极强的客户打交道？"

威斯这才说："这就对了，你必须要有一个核心问题。"

我们在职场中也经常犯这样的问题，在主要核心问题前面总是铺垫太多的琐碎描述，甚至在描述的过程中就已经失去了方向，忘记了问题本身。因此，这是很多人的一个提问误区：只描述背景，就是不问核心问题。

如何才能避免这种失误呢？

1. 建立核心问题区域

当你带着问题询问他人时，务必在这之前要建立一个核心问题区域，即将一些问题罗列起来，然后根据思维导图方式来推出最重要的一个核心问题。

首先，在一个空白区域中，罗列所有问题。

把一些想要询问的问题全部罗列出来，以免遗漏。在这个环节中，可以先不必排列顺序，只需要把所有问题记下即可。

其次，将这些问题按照“卡耐基四项基本原则”来分析（见图 9-3）。

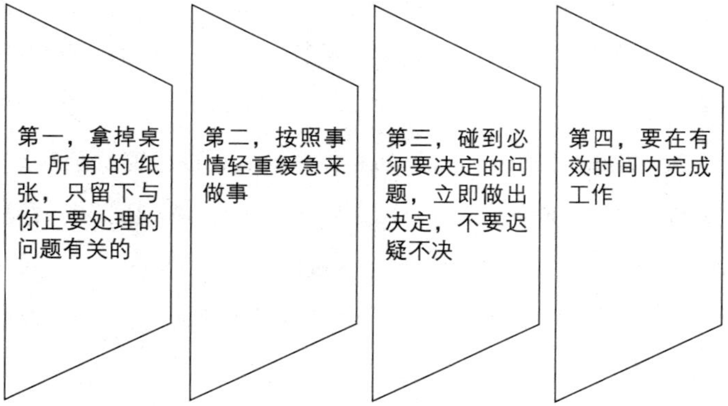

图 9-3　卡耐基四项基本原则

（1）拿掉桌上所有的纸张，只留下与你正要处理的问题有关的

你的办公桌上一定有太多与工作无关，与效率无关的杂物，此时你很有必要进行一番清理，拿掉所有的杂乱纸张，只留下重要的。

在提问中，就要开始筛选。与对方无关的问题要清理掉，只留下和对方有关的重要的问题。

（2）按照事情轻重缓急来做事

在这里，可以参考“四象限法则”，把时间分为四个程度：紧急且重要、紧急但不重要、不紧急但重要、不紧急也不重要。然后把你要处理的事情按照轻重缓急去安排。

（3）碰到必须要决定的问题，立即做出决定，不要迟疑不决

很多时间就是在犹豫的过程中浪费的，而且有些人总觉得不着急，推迟一会儿再说。如果一再推迟和缓冲，很可能会耽误了正事，而且还有可能错失良机。

（4）要在有效时间内完成工作

这需要你学会组织、分层负责和监督，给自己一种紧迫感，督促自己在有效时间内完成任务。换句话说，找到了核心问题之后，就要在最短时间内提取，并且提出问题，这也是提问效率的一个表现方式。

2. 用 SCQA 模式让核心问题更清晰

SCQA模式主要包含四个要素（见图9–4）。

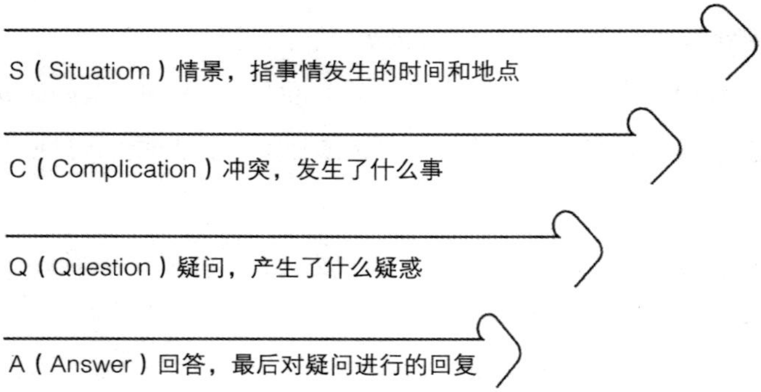

图 9-4　SCQA 模式包含的四个要素

S、C和Q相当于叙述问题的开头部分，是对问题进行的描述，让听者能更清晰。而A则是提问的正文，对听者产生的疑惑进行回答。

例如，下面这个案例：

某项目经理向上级汇报："我们一直在进行甲项目的开发。目前我们已经完成了全部进度的30%，但碰到了一系列的问题，第一，……第二，……第三，……"

简单地描述之后，经理提出了真正的疑问："关于……这个问题应该需要怎样解决呢？有没有具体办法？"这才是上级应该针对回答的重要问题。

在使用SCQA模式阐明问题时，需要注意几点。

（1）尽量少用隐喻或者其他不常见的修辞手法、术语、外来词等，不要让听者理解起来费时费力。

（2）尽可能地简化阐述，能一个字说清楚的就不要用两个字，简洁、精炼最能引起注意。

（3）能用主动语态，就不用被动语态。主动语态更易理解，被动语态经常缺少主语，容易产生歧义。

9.4

误区四：重复提问，让人回答到烦

当你有了问题之后，一定要赶紧去问，并且问得越清楚越好，而且问完一遍就可以了。为什么呢？因为同样的问题，如果你已经问过了，他人也告诉你该怎么做了，你还要再问，只能说明你这个人做事不用心。

对于一个合格的职场人来说，同样的问题，问过一次就能记下来，甚至连同属性的问题也能触类旁通地理解。管理者也是如此，如果管理者对一个问题重复询问下属，下属也会觉得你很烦，时间久了，下属会觉得你能力不够。作为管理者一旦难以服众，就无法胜任管理工作。

因此，在询问时，要避免重复提问。

1. 一步步找到“问题点”

很多时候你之所以总是重复提问，是因为你没有找到“问题点”。什么是问题点？即引发问题的根本所在。

通常情况下，你会遇到一些庞大或者复杂的问题，解决起来貌似要费一番功夫。例如，“工作效率低”这样的问题，这几乎是所有公司都会遇到的问题，但引发这个问题的原因各有不同，几乎没有完全一模一样的起因，要如何解决这个问题呢？

最愚蠢的办法就是根据这个问题进行不断的尝试和改革，将所有能引发这个问题的原因都考虑进去，然后逐一尝试。但是如果都尝试完之后，企业或许已经疲惫不堪了。这种方式是不建议大家学习的。

聪明的办法是找出引发问题的关键点，然后根据关键点有的放矢，既节约时间，又节省人力。当然，找出“问题点”不是轻易就能完成的，需要一定的方法作为辅助。问题不是凭空而来的，而是源于现实。所以，你应该从现实入手，一边寻找问题，一边寻找问题点。

例如，下面这个场景：明明室内温度已经很适中，而且你也穿着很厚的衣服，可还是觉得很冷。空调再调高温度，你还是发冷。此时，你总是在询问在场的其他人“为什么这么冷？”就算你再继续重复问下去，也没人会给你一个解答。因为你根本就没有找到“问题点”，只是在一味地重复询问。

事实上，针对这个场景中的问题点，很可能是因为你生病了，你需要问的是“我是不是生病了？”然后接下来就要找到体温计量体温，然后确定是否需要去医院。

只有找到了问题点，才能把精力放在这个“点”上，而不会盲目地重复询问。

2. 同一问题，要用不同方式提出

很多人之所以会重复提问是因为面对的问题是类似的，甚至是同一问题。但是你有没有想过，都是同样的问题，为什么有些人的提问就没有让人烦恼，有些人的提问重复枯燥，非常惹人心烦。

其根本原因是提问的方式不同。用不同方式提出问题，就不会显得重复。例如，你是一个管理者，你手下的团队迟迟不能攻克一个项目，这时候你可这样问：

“这个项目的难点在哪里？”

“是不是我们工作上出了哪些问题？”

“客户是不是很难搞？”

这些提问其实都是针对这次项目缓慢的问题，但由于提问的方式不同，所以就不会觉得重复。面对这样的问题，对方也能够很好地思考和解决，最终拿出一个满意的方案。

9.5

误区五：提问太主观，缺少合理性

很多人提出的问题为什么让对方难以回答？因为你提出来的问题过于主观，缺少了合理性和科学性。例如“这个报表，我做得不对吗？”或者“我觉得我做得很好，你为什么说有问题？”等，这些问题看上去是符合逻辑的，但其实是缺少合理性的，对方根本无法给予一个合理的回答。

在生活或者工作中，应该如何避免提问的主观呢？

1. 你的问题必须要带有“讨论”属性

你一定要记住一点，提问绝对不是单纯的索取，而是两个人或者多个人一起思考这个问题，在某种程度上它更接近于“讨论”。

例如，一个销售团队在咨询上司观点时，会把问题定义得非常清晰，明确说明问题发生在什么情景下，涉及哪些客户，自己有什么样的观点，尝试过哪些解决方案，效果怎么样，然后再询问上司的观点和建议。

这样的提问方式就不会让对方觉得主观，而且还能够让对方知道他们对这个问题所做出的努力和思考，而且这样的提问指向清晰、充满尊重，不仅能为双方节省很多时间，也能很好地达成提问的结果。

好的提问不是从他人那里索取，而是邀请一个人和你一起探寻和创造，通过共同协作来找到精确的答案。事实上，在这种不断摸索的过程中也能给自己带来很多启发。

2. 提问时要懂得换位思考

很多人之所以提出的问题过于主观，就是因为不懂得换位思考。

在提问中，要想让对方认同你并且跟着你的询问前行，最好的办法就是提问者先一步进行换位思考，将心比心地站在对方的角度思考问题，减少对方的防备心理。销售大师乔·吉拉德曾说："我的秘密是我在真心实意地帮助客户挑选最适合他们的车辆，而不是仅仅为了赚钱而卖车。"

这就是乔·吉拉德的换位思考。其实，所有的客户都知道销售员是为了拿提成，因此，很多客户对销售员都有戒备心理。但是像乔·吉拉德这样的销售员就不会让人反感，因为他的问题会顾及客户的利益。

例如，下面这个场景：

销售人员："张总，您好，我是×××公司的×××，我们公司是专门研发App软件的，您有兴趣了解一下吗？"

客户："我们有专门的App研发人员，暂时不需要。"

销售人员："我们公司为其他公司做过App研发，其他公司反映都不错，您要不要先尝试开发一款App试一试？"

客户："暂时不考虑了，等以后吧！"

销售人员："我们的研发团队非常专业，很多研发人员都是从华为、腾讯主动跳槽到我公司的，设计水平一流。"

客户："我说了，暂时不需要。"

这位销售人员是属于典型的不懂得换位思考，客户已经多次表态没兴趣，销售人员应该转换角度询问，但是这位销售员还是在反复强调自己公司的研发团队如何优秀，所以客户会厌烦。

还是以上述的案例，再来看一看换位思考后的提问方式：

当客户拒绝之后，销售人员继续："贵公司开发的App有没有存在一些不满意的效果？"

客户："的确存在一些问题，如……"

销售人员："和贵公司遇到相同情况的公司目前有很多，我们正在做这方面的调查研究，以求能为更多的公司带去最为适合的研发服务。"

客户："你们的做法挺对的。"

销售人员："张总，是这样的，我们本周六下午有一个App研发讲座，您看有没有时间来了解一下，看看我们的研发团队能不能帮到您？"

客户："好的，我看看时间安排吧。"

销售人员："好的，那我下班前再给您去电话，确认一下时间，我们好安排给您留贵宾的座位。"

客户："好的。"

这位销售人员的做法很到位，当他得知客户对自己的研发不感兴趣时，就立刻转换了话题，把问题变得不那么主观，并站在客户的角度去思考，从介绍者变为咨询者，再从关心客户和为客户着想的角度与对方进行交流，再利用一番“请求帮忙”将客户牢牢“套住”。

因此，不想让提问变得主观，就应该多站在对方的角度思考，这样对方会感觉到被尊重，也会发自内心认真地去思考你的问题，如此你的提问也更加高效。

9.6

误区六：你是否总带着情绪质问员工

许多人，尤其是管理者总是因为工作压力过大或者因为人际关系消耗能量滋生的疲惫感，于是带着情绪向员工提出问题（见图9–5）。

图 9–5　管理者带着情绪提问的错误模式

这样的语气和口吻不但不会解决问题，还会让你的沟通效果大打折扣。

1. 学会运用“元认知”

心理学上有个专业的概念叫“元认知”，也就是自我觉察。自我觉察是所有情绪管理中必须迈开的第一步。

管理者必须要常以旁观者的眼光看一看自己，感受一下自己当下的情绪状态是高兴的还是沮丧的，然后顺着这些情绪去寻找到导致你现在这个情绪的人和事，并且一一解决。

在做其他事情的时候，尤其是管理者和下属相处时，千万不要带着这种情绪进入沟通，并且要时刻提醒自己：“我现在在开始另一件事情，我不能把上一件事情的坏情绪带到这个事情之中。”

当一个会议开始之前，管理者如果有了情绪上的愤怒，也要硬着头皮把这个情绪压制下去开始会议。如果自己不去觉察的话，那么这个会议基调就会很沉闷，发言中对于好业绩你吝啬表扬，对于过失你会批评发火，对下属的提问你自然也会发飙。

这个时候要进行充分的自我察觉，如果发现自己带着不良情绪进入到会议中，需要马上消灭坏情绪，再以理性客观的状态进入会议。

2. 学会情绪转移

当一个管理者有情绪时，除了要冷静之外，还应该适当转移情绪。心理学家表明，人的情绪规律是会随着不同的人和事发生变化的，所以当你做别的事情时，等于是转移了注意力，并将情绪也进行了转移。

这时候，你可以选择做你喜欢做的事情，你的情绪就会得到大大地改善。

例如，管理者刚刚和客户进行了谈判，被对方“打”得很惨，心情很差，这时候回到办公室时，管理者可以先听一段自己喜欢的音乐，或者先去外面走一走，做一些自己喜欢的事情。等心情平复之后，再开会商讨问题。而且在开会时，必须要微笑，让自己的心情变好，也给下属带去一个好的心情。

3. 对事不对人

很多时候管理者之所以会带着情绪询问对方，是因为对方有一些地方做错了，造成了事情的复杂化或者困难化。事实上，这样的情况谁都不想发生，但是事情既然已经发生了，我们就不能沉浸在抱怨之中，而是要将重心放在如何解决问题上。因此，在提问时，管理者不能针对人，而要针对事情提出问题。

例如，当一个部门因为会计出现了账目上的问题时，管理者不能将所有的不满都放在这个会计上，而是要放在事情上。

错误的提问：

“我说过多少遍，核对完数据之后一定要检查三遍，你是不是没有检查三遍？”

“这个数目很大，你现在出错，上级是要找我负责的，你到底是怎么做的账目？”

“你有没有学过做账啊？你这是做的什么账？”

上述这些提问都是带着情绪来提问的，而且针对的是会计本人。也许会计本人已经认识到自己的错误了，但是错误已经发生，现在最重要的事情是解决问题，而不是批评。因此，这样激烈且情绪化的问题不但不能解决问题，而且还可能会让问题更加棘手。

正确的提问：

“你先回顾一下做账时的过程，有没有遗漏的地方？”

“如果重新再做一遍，大概需要多久？”

这样的问题才是正确的，既没有情绪化的指向，也没有急躁的表现。有的都是针对错误点提出的问题，只有这样大家才能集中精力解决问题。

因此，管理者在提问时，一定不能只是针对人，要聚焦精力放在解决问题上，只有这样你的情绪才会消失，才不会影响你解决问题，这样你和下属的沟通也才会更加高效。

9.7

误区七：管理者过分追求标准答案

在工作中，经常有管理者为了追求标准的答案，而在提问时产生了很多障碍，造成了沟通上的麻烦，让沟通变得低效，也让整个工作效率变得低下。

管理者不能一味地追求标准答案，很多问题其实是一个复杂的综合体，是没有标准答案的，所以在提问时，千万不要陷入找不到标准答案的困惑中。

真正好的提问可以帮你发掘更多的可能性，以此拓宽你的思维，就像解数学题，可以“一题多解”，同样，提问题也可以启发我们去思考多种解决问题的途径。

1. 提问时不要给对方设限

很多管理者在提问时，往往容易设限，即在提问时强调一些量词或者时间上的回答。例如，“你能不能胜任这个工作？”“这个工作你需要几天完成？”

实际上，有些工作员工也不能很肯定地说“能胜任”或者“不能胜任”，这需要尝试，是一个过程的问题。还有些工作的员工不能在当时就回答你需要几天来完成任务，这不是一个确切的数字问题，中间还可能会出现一系列的复杂问题。例如，工作设备出现问题、客户要求变化等，还可能有一些不确定的因素会影响工作进度。因此，对于这些明显设限的问题，管理者最好不要提问。一旦提问不好，还可能会给员工带去压力，甚至影响整个工作的进度和质量。所以，管理者尽量迂回地提问，不能给对方一个“死限制”。

2. 提问前先了解清楚问题

大多数的管理者总是在不仔细了解事情的前提下提问。这样的提问往往夹杂着疑惑，这对被提问者产生的直接影响就是不信任。例如，下面这个场景：

李某是一家建筑公司的设计师，经由他设计的一个建筑马上就要开工。他内心对这个建筑非常期待，于是三番四次地打电话去工地催工。几乎每次的电话里他都说：“我想要在明年三月份看到这个建筑，能不能完成？”工地的负责人并不能给出确切的答案，只是说：“再过两个月就是冬季了，这是北方，很多工程到了寒冬就不能开工，明年三月恐怕有些难度。”

李某听到这样的答案之后，非常不高兴，每次都非常急躁，甚至大发脾气：“你知道我设计这个方案设计了多久吗？你现在告诉我有难度，把你们总负责人给我找来……”

在这个场景中，李某虽然是设计师，但是他却没有了解工地的实际建筑情况。因此，急于想要得到一个确切的完工时间是很难的。

这种在不了解情况的基础上提问，很容易造成双方沟通上的误会，甚至不信任彼此，产生隔阂，最终影响的是公司的效益。

管理者在提问时，如果想要得到一个标准答案，就必须自己先了解这个问题是不是有标准答案。彼得·德鲁克曾说过："高明的管理者往往会提前了解问题的所在，这样的问题才不失为一个好问题。"

如果这个问题没有标准答案，要根据外部的条件或环境来判断，那么在提问时，就不能一味地追求标准答案，否则不但失去了信任，还可能失去了人心。